初対面の気後れ・あがり
がなくなる53の考え方・話し方

さようなら！「人見知り」

ラジオDJ・パーソナルモチベーター
麻生けんたろう

同文舘出版

はじめに

よかった！　やっと会えましたね。

今、あなたが手を伸ばした書棚で、あるいは、インターネット上のどこかで、目に留めてもらうのを私はずっと待っていました。

なぜなら、**この本には、あなたの悩みを解決する方法が書いてあるから**です。

本当です。この本には、あなたの求めているものがあります。

なぜ、そこまで自信を持っていえるのか――。

私は北海道を拠点にラジオやイベントの司会、講演などの「人前で話す仕事」をしている他、株式公開を狙う企業の社長さんから小学生のお子さんがいる主婦まで、多くの方に電話を通じて話し方のアドバイスをしています。

そんな中で、必ずといっていいほど受ける相談があります。それは、

「初対面だとうまく話せない」

「つい、目をそらしてしまう」

「自分が嫌われてしまったらと思うと何だか怖くて……」

どれも人間関係における最初のきっかけ部分、そう、あなたと同じ〝**人見知り**〟**をなおしたい**という相談です。これが圧倒的に多いのです。

学生さんであれば、クラスでなかなか友達ができなくて困っている。

社会人であれば、お客様や取引先の担当者とコミュニケーションがとれず、結果、あらゆるチャンスを逃してしまう。

仕事だけではありません。

プライベートにおいては、将来の伴侶を手にすることができないなど、自分から話しかけられないばかりに、つい目をそらしてしまうばかりに、望んだ人生を送ることができなくて悩んでいる人がたくさんいます。

本当は出逢った人と楽しく、和気あいあいと過ごしたいと思っているのに、こ

のままでは、どんどん一人ぼっちになっていくような気がする。

意を決してパーティーに出かけても、初対面の人と話せる自信がない――。

そこで、この本の出番なのです。

この本は何を隠そう、元あがり症で、しかも〝人見知り〟のサラリーマンからラジオパーソナリティーへと180度人生が変わってしまった、私の実体験をもとに書いたものだからです。

私もあなたと同じ人見知りだったのです。

取引先の担当者と名刺交換をした後、話が続かないなんてことはしょっちゅうで、異業種交流会では、目の前の女性はもちろん、男性にでさえ溶け込むまでに時間がかかっていました。

気がつけば、グループの中で蚊帳の外だったことも数知れず、今思い起こしても本当に辛い日々でした。

しかし、そんな私でも、アナウンス学校に通い、話し方をきちんと学んだことで、人見知りにさよならするきっかけを見つけたのです。

それは、**たった2つのこと**を意識するだけの、誰でもカンタンにできる方法です。

実際、私はその方法でどんな人ともスムーズに会話ができるようになって、今ではラジオパーソナリティーとして初対面の人にインタビューもしているのです。

だからこそ、今度はあなたにそれを試してほしい。

初めての人ともストレスなく話せるようになって、仕事でもプライベートでも人間関係がどんどん良好に変化していくのを、今すぐ肌で感じてほしいのです。

もう一度いいます。

この本には、あなたの欲しいものが書いてあります。ぜひ、そのままページをめくってください。

私との出会いをきっかけに、人見知りを克服しましょう！

Contents

初対面の気後れ・あがりがなくなる53の考え方・話し方

さようなら！「人見知り」

1章

誰でも人見知りの要素を持っている

2章

「ハイブリッド人見知り緩和法」で人見知りを目立たなくする

3章 行動・話し方を変えて「社交人見知り」にバージョンアップする！

4章

これで安心！場面別人見知り対処法

カバーデザイン　新田由起子
カバーイラスト　福々ちえ
本文ＤＴＰ　ムーブ

1章

誰でも人見知りの要素を持っている

1 もうひとつの悩みだった「人見知り」

あなたは、次のような場面で困ったことはないでしょうか。

- 学生であればクラス替えの日、社会人なら仕事を始めた初日の昼休みに、気がついたら一人になっていた時
- 初対面の人と名刺交換をして、その後の会話が続かない時
- 知り合いのいないパーティー、飲み会に出席しなければならない時
- 1年前にちょっと顔を合わせただけの人と街で再会した時
- いとこの結婚相手の親族（つまりよく知らない人たち）と会食しなければ

ならない時

- 旅行先で初対面の人になれなれしく話しかけられた時
- 回転寿司のように次から次へと相手が変わるお見合いパーティーに出席した時

もし、心当たりがあるようなら、あなたは〝人見知り〟といっていいでしょう。

以前の私と同じで、初めて会う人とはなかなか話せない、どうも気後れしてしまう、せっかくステキだなと感じる人に出会っても、自分からは声をかけられない、打ち解けるまでに時間がかかってしまうからこそ、友達の数も少ない――こんな自分から早く抜け出し、誰とでもすぐに仲よくなれたらなと、切に願っているはずです。

私は自著『さようなら！「あがり症」』（同文舘出版）で、サラリーマン時代に大勢の前だと話せない「あがり症」だったことを告白しましたが、もうひとつ、

「人見知り」という大きな悩みも抱えていました。もちろん、今ではラジオパーソナリティーとして番組でインタビューすることもあれば、大勢の前で講演することもあります。

とても人見知りのままでは務まらない仕事と映るかもしれません。

しかし、**結論から申し上げて、私は今もなお、人見知りのままです。**

「え⁉　のっけから何をいうんだ？」と思いましたよね。

でも、本当です。なおそうと努力しましたが、完全に克服できたとはいえない状態です。

では、この本のタイトル『さようなら！「人見知り」』はウソなのかといえば、決してそうではありません。実は、この矛盾に対する答えこそ、人見知り（人づき合い）の悩みから「さよなら」する大きなカギだったのです。それがどういう意味なのか、本書をお読みくだされればおわかりいただけるでしょう。

2 人見知りは特別なことじゃない

「人見知り」と聞くと、どことなくつき合いにくいイメージを浮かべる人が多いものです。

そのため、本当のあなたは楽しい人なのに、しゃべりにくそう、一緒にいても面白くなさそうと思われて、まるで腫れ物に触るかのように、おそるおそる話しかけられることがあるのではないでしょうか？

特に自分から「私、人見知りするの」といったら、相手によっては会話が一気にぎこちなくなってしまった経験もあるでしょう。

しかしだからといって、人見知りが特別変わっているわけではありません。

そもそも、**まったく知らない人と面と向き合えば、誰だって警戒するのは当たり前**です。人見知りは人間の本能であり、ごく自然な反応といえます。

いきなり、目の前に見たこともない髪の長い女性（男性）が現れて、それがどんなにあなた好みの女性（男性）であったとしても、コンマ1秒で声をかけられるはずもないでしょう。

それができれば、エレベーターに偶然乗り合わせた見ず知らずの人と、気まずい雰囲気にならなくてすむはずです。人見知りは特別なことではありません。

その証拠に驚くなかれ、あの明石さんまさんのことをタモリさんはこう評しています。

「たぶん、社交的なわけじゃない」

社交的な人は、もっとしょっちゅう電話がかかってきたり、誰と会っても「おー！」とかって挨拶をするものだと。

ところが、さんまさんは決してそうじゃない。

つまり、たとえしゃべりが上手であろうとなかろうと、誰もが人見知りの〝気質〟を少なからず持っているということなのです。

3 生まれつき人見知りをする人はいない

私のもとには、全国からコミュニケーションに関するさまざまな相談が寄せられます。そのほとんどが、冒頭で述べたように「初対面の人ともうまく話せるようになりたい」というものです。

あなただけではありません。「自分は人見知りだから、なかなか声をかけられない」と悩んでいる人が本当に大勢います。

しかし、大切な大前提を忘れてはいないでしょうか？

あなたもそうだし、私自身もそう。どんなに人見知りの強い人でも、**最初から人見知りだったわけじゃない**ということです。

生まれた時は誰もが社交的だったのです。

それは、幼い赤ちゃんを見ればわかりますね。泣いたり笑ったりして、目の前の人に一生懸命アプローチする姿は社交的そのものでしょう。それが、いつしか人見知りをするようになってしまったのには、必ず理由があるのです。

◉私が人見知りになった理由

私の場合は「転勤」でした。

ラジオパーソナリティーになる以前、オーディオメーカーの営業マンとして働いていたのですが、首都圏から地方に転勤したことで、それまで商品をカンタンに導入してもらっていたのが、一筋縄ではいかなくなりました。

名の通った会社にいたといっても、当時は25歳そこその営業マン、しかもよそものの私です。地方の小さな電器店の社長は相手にもしてくれなかったのです。

都会なら展示されていて当たり前の商品が、何度声をかけても並べてもらえない。次第に「自分は話すと嫌われるんじゃないか」と思うようになり、それならばいっそ、話さないほうがましだと考えるようになったのです。

営業マンとしてあるまじき姿ですよね。

でも、当時の私はそうする他はなく、人と話すことに自信を失くしてしまったのです。

私が人見知りになったきっかけは「転勤」ですが、人によっては、それが恋愛だったり、友達との何気ない雑談だったり、あるいは家族との会話だったり、きっかけはそれぞれでしょう。

テレビで司会を務めるタモリさんでさえ、小学校時代に友達から裏切られたことがきっかけで人見知りになったと告白しています。それ以来「他人とはあんまり交わらないほうがいいな」と本能的に思うようになったそうです。

サングラスをしているのは、視線からくるプレッシャーを相手に与えないようにするため、とどこかでおっしゃっていましたが、もしかしたら本当は、人見知りする自分を守るためなのかもしれません。

あなたにも、そんなきっかけが多かれ少なかれあったのではないでしょうか？

4 「何か話さなきゃいけない」という恐怖感

▼初対面の人と話せない理由1

「人見知りを改善したい」「なれるものなら社交的な性格に生まれ変わりたい」と強く思うからこそ、あなたはこの本を手に取ってくれたのですよね。前述の通り、誰もが持つ気質とはいえ、人見知りが激しいと、仕事においても日常生活においても大きなチャンスを逃してしまうことがあるからです。

もちろん、出会った時に

「この人との出会いはあなたの人生のターニングポイントです。必ず話しかけてください」

と天の声でもあれば、勇気を振り絞れたかもしれません。

しかし現実は、同僚や友人と同じ交流会に参加しても、契約が取れた、おつき合いする人ができたと聞かされるのはいつもあなたのほうで、先を越されてばかりなのではないでしょうか。


「あの時、私も積極的に話していればよかった」

「ビールをついでくれたあの人は、そんなスゴい人だったんだ」

と後悔するだけならまだしも、本当は好意を持っていたのに、無愛想で冷たい人間と誤解されたままの可能性だってあるのです。


今すぐ、そんな自分から脱出したいと思うのは当然です。

しかし、そう思えば思うほど、**何か話さなきゃいけないという恐怖感**が否応なしに襲ってきて、なおさら話せなくなってしまう。心の内側に自分から話したいと思うことがあったとしても、この恐怖感が邪魔をするのです。これこそ、人見知りにとって一番の悩みの種であり、なかなか初対面の人と打ち解けることができない要因なのです。

5 自意識過剰になっている

▼初対面の人と話せない理由2

どうして人見知りしてしまうのか、その理由のひとつに、あなたに**自意識過剰な面がある**、ということが挙げられると思います。

自意識過剰とは文字通り、自分が相手からどう見られているかを意識しすぎている状態のことです。

たとえば、自分が周りにどう映っているかで頭の中がいっぱいになってしまうと、対人恐怖感を抱くきっかけとなりやすいのです。

「ひょっとして○○かも……」

「もし、○○だったら……」

この○○の中にあなたはいつも**自分に対するネガティブなイメージ**を入れていないでしょうか？

「ひょっとして、私、つまらないと思われてるかも……」

「もし、悪い印象だったら……」

話す前からこんな妄想をしていては、いつまでたっても声をかけられないままです。

同じ自意識過剰でも、逆に「ひょっとして、私のこと好きなのかも……」と、ポジティブなイメージを持つ人もいます。こちらは勘違いの自信家に映ります。

実は、後述する「目立ちたがり型人見知り」には、少なからずこの要素があるのです。意識ではポジティブに思う反面、潜在意識では臆病に感じてしまうからこそ、自分からは話せないのです。社交的な人ならば、積極的に話しかけて自分の存在をアピールしますが、目立ちたがり型人見知りは、話さないことで無意識にアピールしようとしているのです。

6 そもそも「話したいこと」がない

▼初対面の人と話せない理由3

過去をじっくり振り返ってみて、これまで意識できていなかったトラウマや自分の性格に気づいたでしょうか？

「なぜ人見知りしてしまうのか」を考える際には、実はもうひとつ、疑うべき要因があるのです。それは、「そもそも話したいことがないのでは？」ということです。

いくら、初対面の人と話せるようになりたいと思っても、**話したいこと、伝えたいことがなければ、口火を切ることはできません**。ここで「私は人見知りなんだ。だから話そうとする勇気が足りないだけなんだ」と勘違いして無理やり話そうとすると、結局、何がいいたいのかわからない会話になってしまいます。

勇気も大事です。話し方のコツや会話を弾ませるテクニックも知っているに越したことはありません。でも、その前に「自分が伝えたいことって何だろう?」と自問自答してみましょう。初対面の人でも一緒に10分でも過ごせば、ひとつやふたつ浮かんでくるものです。仮にそれでも明確に見えてこなければ、案外、伝えたいものがないだけなのかもしれません。

人見知りで悩む前に、まずは、この部分を疑ってみることも大切です。

初対面の人とすぐに打ち解けられないのは、特別なことではありません。なじむまでにはどうしても時間がかかります。しかし、仕事でもプライベートでも効率化が叫ばれる今の世の中では、人見知りの性格は時としてハンデとなってしまうことが少なくありません。

7 人見知りのせいで困ってしまうこと

ここであらためて「人見知り」とはどんな状態かを考えてみましょう。

手元の辞書には、「子どもなどが知らない人を見て、恥ずかしがったり嫌ったりすること」と書いてあります。

スーパーマーケットに連れて行ったら大泣きされたとか、公園に遊びに行っても母親の背中からなかなか離れないなど、主に生後6~7ヶ月頃から4歳ぐらいまでに見られる反応のことで、あなたの記憶にも、もしかしたら思い出として残っているかもしれません。

もちろん、その頃は決して周りと比べて負い目を感じるものではなく、むしろ、親と他人を見分ける能力が身についたという喜ばしいものでした。成長した証といってもいいでしょう。子どもは通常、徐々に人見知りすることもなくなっていきます。

ところが、あるきっかけで大人になった今でも人見知りしてしまうと、その後の人生で損をすることが多くなるのです。

- 新しい職場・アルバイト先で、なかなか先輩となじめない
- よい出会いがあっても、自分からメールアドレスが聞けない
- 初対面だとつい言葉を選んでしまう、会話が続かない、盛り上がらない
- ひいては、職を転々と変えることになったり、家庭を持ちたくても持てない

人間が持つ本能とはいえ、このように仕事においてもプライベートにおいても、人見知りが原因で大きなチャンスを逃してしまうケースが出てくるのです。

あなたも、何かしら嫌なこと、不便なことがあったからこそ、克服しようと思っているのではないでしょうか。

8

人見知りのせいで誤解されがちなこと

自分から行動を起こすことができなくて、これまでチャンスを逃してきたとしても、それは努力不足な面が少なからずあったから、とあなた自身、納得できる部分もあるでしょう。しかし、本当は人なつっこいのによそよそしいと見られたり、慣れれば周りがびっくりするほど話すのに根暗と思われてしまうのは、誤解以外の何ものでもありませんよね。

- 大人しそう
- しゃべりにくそう

・一緒にいても面白くなさそう
・友達ができにくそう
・家で引きこもってそう

他にも、「切手を集めて一人で眺めてそう」など、そこまでいわれる筋合いはない、なんていうレッテルまで貼られてしまう。こういう誤解が多いのも、人見知りの損なところです。

自分から伝えることができれば、間違ったイメージを解くことも可能ですが、「それを苦手とするのが人見知り」ですよね。

このままでは、ますます周りが遠ざかってしまうかもしれません。そうなれば、なおさら自分からは話したくもなくなるでしょう。

この悪循環を真っ先に断ち切ることが必要なのです。

9 あなたはどんなタイプ？

　恥ずかしながら、これまで述べてきた人見知りの特徴のほとんどが、以前の私そのものです。誰が見ても人見知りだというでしょう。

　ところが、パッと対面しただけではわからない、「え⁉　この人もそうだったの？」と思うような人見知りも、中にはいるのです。そういう意外な面があるからこそ人見知りが謎めいて映るのですが、ひょっとしたらあなたも、そんな印象を持たれているかもしれません。

　人見知りは、実は次の４タイプのいずれかに落ち着きます。

①オドオド型人見知り

人にどう思われているかが気になって、話しかけることができない。いわば、自意識過剰なタイプです。話しかけられても話せない、つまり、会話力が弱いのがオドオド型人見知りの特徴です。

せっかく相手から話すチャンスをもらっても、その名の通りオドオドしてしまい、一言二言返すのが精一杯です。テニスのラリーのように会話が続かないため、場持ちしません。次第に相手も話すのをやめてしまいます。その様子を見ていた周りの人も積極的に話しかけようとしなくなるため、気がつけば、蚊帳の外になっていることがほとんどです。

②目立ちたがり型人見知り

なんといっても自意識過剰。オドオド型人見知りと違うのは、自分をよく見せたいと思う気持ちが強いがために、自分からは話せませんが、相手から話しかけられるとたんに饒舌になる点です。ズバリ、カッコつけてしまうタイプに多いのが目立ちたがり型人見知りです。

異業種交流会や合コンなどのパーティーに参加しても、きっかけがないまま、最後まで一人ぼっちということもよくあります。見かけは大人しそうに映っても、根っからの寂しがり屋なので、本当は周りから注目されたいと思っているのです。

ちなみに、サラリーマン時代の私はこのタイプでした。

③天然型人見知り

目立ちたがり型やオドオド型と違って、人にどう思われてるかなんて気にならないのが天然型人見知りです。対面したとたん、瞬時に相手を観察し、好き嫌いを判断します。普通の人よりも対人センサーの感度が高いのです。相手がどんなに社会的に成功している人でも、それだけで好きになったり、こびたりすることはありません。あくまでも、自分が感じた第一印象で、その後のつき合い方を決めるのです。

ただし、口数がめっぽう少ないため、本当は好意を持っていても冷たく見られるなど、誤解を受けやすいのもこのタイプの特徴です。

④カリスマ型人見知り

人の評価なんて気にしない部分は天然型人見知りと同じです。違うのは、話しかけられれば相手を惹きつける会話ができるので、自分の意図とは関係なく好かれてしまうところです。それだけでなく、人見知りしようがしまいが、ただそこにいるだけで自然と周りに人が集まってくるので、自分から話そうと努力したり、積極的に相手に合わせたりする必要がありません。どこに行っても飾らず自然体のままでいられます。

いわゆる隠れ人見知りであり、カリスマと呼ばれる人に多いのが特徴です。

どうでしょう？

人見知りは4つのタイプに分けられる

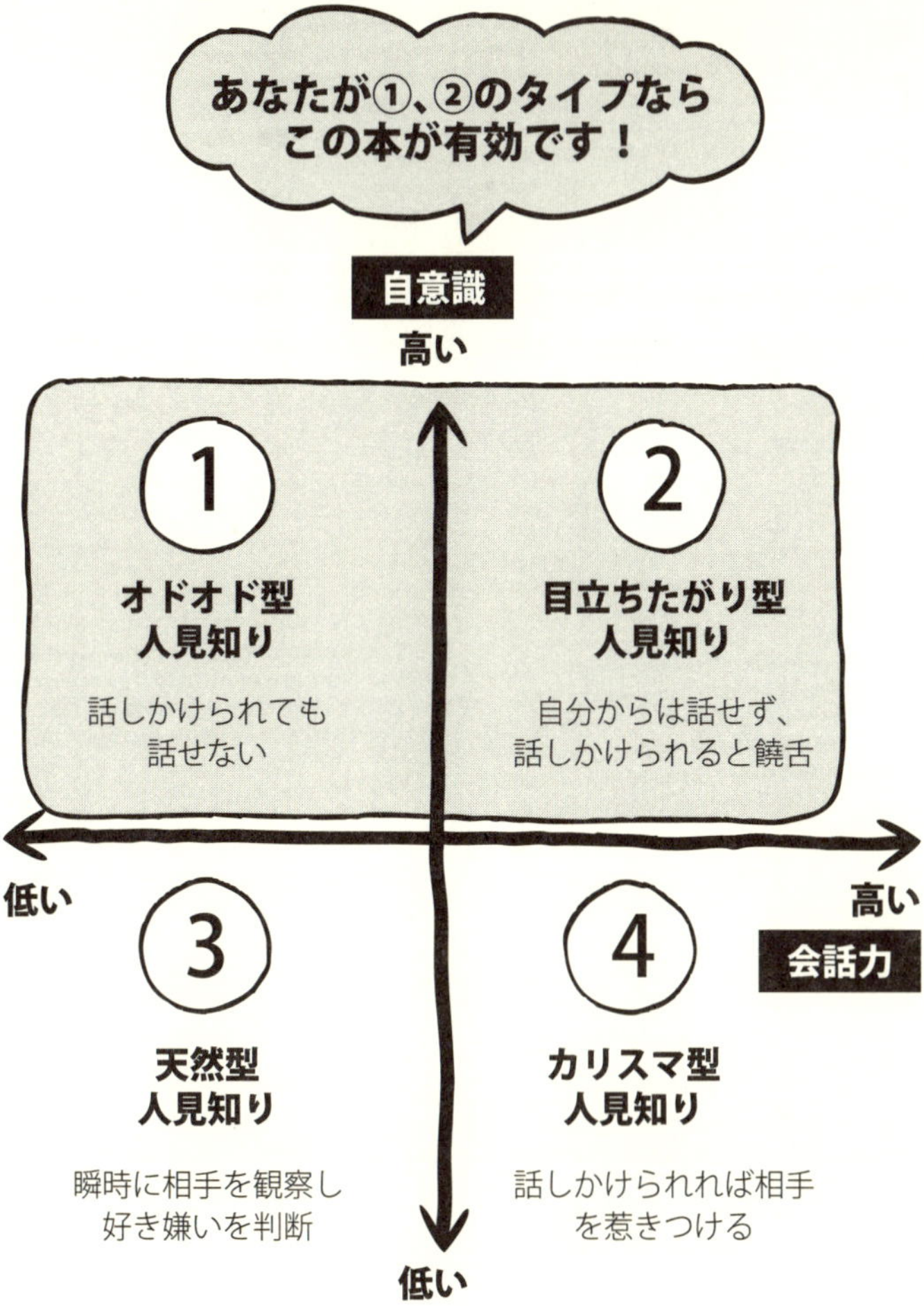

あなたのタイプは目立ちたがり型？　オドオド型？　天然型？　それともカリスマ型だったでしょうか。

「なるほど、私は目立ちたがり型だったのか！」と新たな発見があったかもしれません。

いずれにせよ、自分の傾向を知ることは、人見知りを改善する上でとても重要なヒントとなります。

10 人見知りにもよいところはある！

以前の私がそうだったように、「これを1粒飲めば、とたんに社交的になれる！」、そんな飴玉があれば、どれだけ気持ちが楽になれることでしょう。

仮にあなたがオドオド型人見知りのタイプなら、

- 初対面の人と気軽に雑談できない
- 聞くべきことが聞けない
- 携帯電話を持っていても電話番号・メールアドレスを交換できない
- 何か話さねばという恐怖感から、つい的外れなことをしゃべってしまう
- たとえ相手が自分好みでもなじむまでに時間がかかってしまう

このすべての悩みが、1粒口にしただけでパッと消えてしまうのです。

もちろん、そんな飴玉は私の知る限り存在しませんが、それに近いものならあります。口に入れるモノではなく頭に入れる考え方で、まず、**人見知りにもよいところがたくさんあると気づくこと**です。これが飴玉効果をもたらします。

たとえば、初対面の人と気軽に雑談できない、聞くべきことが聞けないということは、それだけ思慮深い面があるともとれます。友達は少ないけど、逆に減ることも少ないでしょう。新旧の入れ替えが激しくない分、相手と深くつき合える

面があるということです。

他にも「口が堅い」「準備をしっかりする」「他人の意見に流されない」など、見方を変えればまだまだたくさんの長所があることに気づきませんか？

このように、右からだけでなく左から、あるいは上から下からとさまざまな角度から物事を捉えることを〝リフレーミング〟といいます。リフレーミングによって、**人見知りならではの魅力的な部分**に気づくことができるのです。

今はプライベートでも仕事上でも社交性の低さが目立ち、ついありもしない魔法の飴玉を探しているかもしれません。しかし、ここで〝リフレーミング〟というメガネをかけて、もう一度、自分を見つめなおしてみましょう。人見知りにもよいところがたくさんあるんだと気づければ、飴玉と同じような効果が得られます。

別の角度から「人見知り」を捉えてみよう

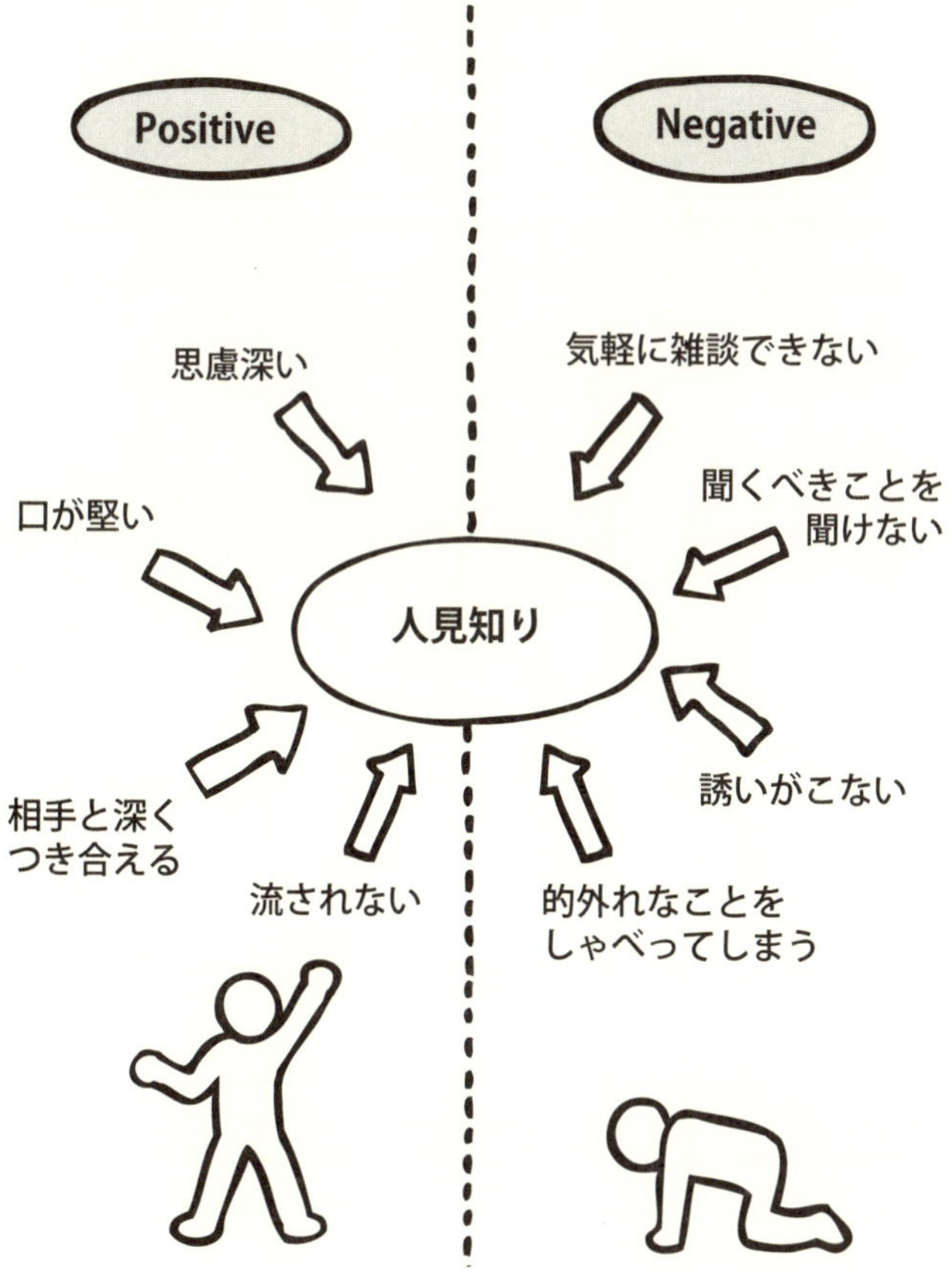

11 すでにあなたは改善方法を知っている

もちろん、そうはいっても、「実際、人づき合いが苦手で困っているんだ」「自分から溶け込めなくて悩んでいるんだ」と声を大にしたいのが本音かもしれません。

経験に裏打ちされた理屈をいくらいわれても、具体的にどうすればいいのかがわからなければ、人見知りにさよならできないと感じているでしょう。

生まれ変わって、友達をいっぱいつくれるようになるためには？

しゃべりにくそうと思われないためには？

早く、その答えを知りたい……。

私も同じように人見知りで悩んでいましたから、あせる気持ちはよくわかります。

けれど、心のどこかでうすうすあなたも気づいているはずです。

解決策は、やるべきことは、すでに自分の中にあることを。その一つひとつに、いかに私が導けるか。そこにこの本の役割があるといっても過言ではありません。

たとえば、次の3つのうち、どれかひとつでも実行に移そうと思ったり、あるいはすでに試してみたことがきっとあるはずです。

① 一歩踏み出す勇気を持つ

人見知りを改善するには、第一に、初対面の人とも臆することなく話せるようにならなければなりません。それは話しかけられる場面であっても、こちらから話しかける場面であっても同じことです。

そうなると、いかに最初のアクションを起こせるか、にかかってきます。つまり、左足でも右足でも、あるいは頭でもおへそでも、とにかく一歩前へ出せるかどうかがポイントなのです。

仮に、今目の前に知り合ったばかりの人がいたとして、何でもいいからすぐに話しかけることができるのであれば、第一関門クリアです。

しかし、そういう機会があるたびに、私は人見知りだからといって逃げてしまうようなら、今のあなたに必要なのは、一歩踏み出すための小さな行動です。

ダイエットには運動がよいといくらわかっていても、シューズさえ履くことができない状態と一緒だからです。

②何はともあれ挨拶が基本

一歩踏み出すための勇気はあるのだけれど、そこで何て声をかけていいのかがわからない。たとえ本気でそう思っていたとしても、心のどこかで、〝挨拶〟が大事なんじゃないかと思っていませんか？

「何を今さら、幼稚園で習うようなことを……」と反発する気持ちがあるかもしれません。でも、もう一人の自分が、「おはよう！」と声をかければいいだけじゃないかとあなたに訴えているはずです。挨拶であれば何も不自然なことはありません。

こんなことをいったら変に思われるんじゃないかという、人見知り特有の心配をする必要はないのです。私は、初対面の人に「こんにちは！」と挨拶をして不機嫌な顔をされたり、怒られたことなど一度もありません。

③会話力を身につける

昨日は思い切って、たまたま休憩時間が一緒になった他部署のスタッフに声をかけてみた。だけど話が長続きしない。自分には会話のセンスがないのか、いつも二言、三言で終わってしまう。

そんなあなたは、会話力、あるいは雑談力を身につけたいと思っているかもしれません。自分のせいで話がストップしてしまう時ほど辛いものはないでしょう。なんとか話を繋げようとすればするほどあせってしまい、相手の話をしっかり聞くことすらできなくなってしまいます。その余裕のなさは、無理に話しかけているイメージさえ与えかねません。

どんな話題を振られても場持ちできるほどの会話力があれば、人見知りで悩むこともなくなります。

どうでしょう？　すでにあなたの中にある解決策をざっとあぶりだしてみましたが、どれも当たり前のことばかりですよね。そのうちのひとつでも根気よく続けていく、これこそ人見知りを改善する唯一の方法なのは間違いありません。

ただ、現実にはそれができなくて困っている、チャレンジしたものの、満足のいく効果が得られなかったなど、さまざまなケースがあります。

そこで、これから試していただきたい、私自身が人見知りにさよならできた方法を次章でご紹介します。

たった2つのことを意識するだけで人見知りが緩和できる「ハイブリッド人見知り緩和法」というものです。

一歩踏み出す勇気

挨拶をする

会話力をつける

これができれば人見知りにさよならできる！

〝改善〟ではなく〝緩和〟という部分がポイントです。人見知りにさよならできるかできないかの差は、まさに、その部分に気づくか気づかないか、そこにあるからです。

これで、人見知りにさようなら！

「カリスマ型人見知り」を目指す！

◉「カリスマ型」になれば、人見知りの悩みは消える
◉カリスマになるための毎日の習慣を続ける

↑

場面別人見知り対処法でどんな状況も乗り切る！

◉新しい職場で働く時、営業の初回訪問のコツ
◉合コン・パーティー・飲み会に参加するときのコツ

↑

行動・話し方を変えて「社交人見知り」にバージョンアップ！

◉社交的な行動を真似れば、社交的な人に見える
◉表情・仕草・話し方をちょっと変えてみる

↑

「ハイブリット人見知り緩和法」で人見知りを目立たなくする！

◉「好奇心」に火をつけ、自意識レベルを下げる
◉体を動かして、「表現心」を取り戻す

↑

人見知りのメリット・デメリット、基本を押さえる！

◉人見知りは特別なことではない
◉人見知りしてしまう理由、自分のタイプを知る

2章

「ハイブリッド人見知り緩和法」で人見知りを目立たなくする

これからご紹介する「ハイブリッド人見知り緩和法」は、読んで字のごとく、自動車のハイブリッドエンジンを真似た人見知りを緩和する方法です。

決して直すものではありません。

あくまでも〝緩和〟するだけです。

とはいえ、実践していただければ、私のように**人見知りで悩んでいたことがウソのように消えてしまいます**。

昼間に月が見えなくても、それはたまたま見えにくくなっているだけで、どこかに必ずあるでしょう。同じように、人見知りの面はあるけれど、それを目立たないようにしてしまうのが、ハイブリッド人見知り緩和法だからです。

1 ひとつ目のエンジンを始動させる

さっそく、その手順をご紹介します。難しいことはありません。あなたの内側に最初から備わっている2つのエンジンを順番に動かしていくだけです。

そのひとつが**好奇心**です。

これに火をつけると「自分が相手からどう見られているか」という意識が目立たなくなります。たとえば、

「この人は普段、どんな仕事をしているのだろう?」

「結婚しているのかな?」

「何か習い事はしていないかな?」

「出身はどこだろう？」

と、とにかく目の前の相手に向けてあなたの好奇心を爆発させます。すると**自意識レベルが下がって人見知りが気にならなくなってくる**のです。

2 観察ゲームをする

▼好奇心に火をつける第一ステップ

自分の内側に最初から備わっている「好奇心」に火をつけること。これが人見知りを緩和させるきっかけとなるのは間違いありません。

ただし、人見知りには興味を向けた先が自分にもどってきてしまいやすい面もあるので注意が必要です。

「この人は気が短そうだから、こんなことを言ったら（私は）怒られるかな」

「あの人、頭よさそうだから（ボクは）バカにされちゃうかな」

このように、せっかく相手に意識を向けても、ブーメランのように自分にもどってしまっては人見知りを緩和することができません。いつもの自意識過剰な人見知りのままです。そこで、最初のうちは**観察ゲーム**をしながら好奇心に火をつけていくことをおすすめします。

次のように相手の様子をじっくり観察してみましょう。

- 瞳は左右どちらによく動くか?
- 手を組んだ時、親指が上にくる手はどっちか?
- つめはどの指が一番伸びているか?
- 髪の分け目はどちらか?
- 靴下は何色か?
- 言葉使い（語尾など）に特徴はないか?

他にも観察ポイントはたくさんありますが、客観的に答えがわかるものを選ぶといいでしょう。自分という枠から抜け出し、第三者的にちょっと上から見下ろすような感覚で眺めてみてください。

ただの観察ではなく〝ゲーム〟にするところがポイントです。私もそうなのですが、人見知りの多くは目的のない観察が苦手だからです。

税金のことを知りたかった時に税理士と出会えれば自然と意識が向くでしょう。けれど、何の目的もメリットも相手に感じられない時は好奇心に火がつきにくいものです。

合コンなどがよい例で、たとえ幻滅するような相手が隣にきたとしても社交的な人は全体の雰囲気を壊さないよう話を盛り上げますが、人見知りは、そういうのが大の苦手です。

ウソでもいいから興味のある〝フリ〟をすることができないのです。

そこで、**無理やり目的を持つためにゲーム化する**のです。「これは単なるゲームなんだ」と思い込んでください。

「見事わかった時は帰りにご褒美としてビールが買える」など、自分にちょっとしたインセンティブを設定するとゲーム化しやすくなります。

3 相手の魂に意識を寄せる

▼好奇心に火をつける第二ステップ

客観的な観察ができるようになったら、今度は相手の魂に意識を向けてみましょう。外見から受ける印象や利害関係などは一切抜いて、**純粋に相手の魂へ深く意識を寄せてみる**のです。

「この人が喜ぶのはどんなことだろう?」
「何がこんなにおおらかにさせているのだろう?」
「今話した言葉の背景には一体どんな歴史が隠れているのだろう?」

このように意識を寄せていくと、まるで自分が相手よりひとつも2つも上の次元にいるかのような感覚になり、次第に**人見知りそのものを問題と捉えない**ようになってきます。

生まれたばかりの赤ちゃんが、今、何を欲しているのか？　言葉がしゃべれないからこそ魂を感じ取ろうとする、その時の親の姿勢に近いかもしれません。

元々、人見知りは普通の人より対人センサーが敏感です。パッと会った瞬間に自分との距離感を見極める。相手が抱く印象の変化をすばやく察知する。これらはすべて人見知りだからこそなせるワザです。そのため、潜在的な観察力、洞察力は計り知れません。

その能力を最大限に引き出すのが、観察ゲームであり、相手の魂に意識を寄せることなのです。

まずはここまでの第一ステップと第二ステップを繰り返し慣れるまで実践してください。

4 リポーターになりきる

▼好奇心に火をつける第三ステップ

慣れてきたら、徐々に興味の幅を広げていきましょう。

「この人はこれまでどんな人生を送ってきたのだろう？」

「仕事は何をしているのかな？」

「休日はどんな風に過ごしているのかな？」

何でも構いません。ポッと浮かんだ知りたいことを素直に聞いていくのです。

もちろん、ここでもゲーム化のような設定があると安心です。強い目的意識を持つことができれば、たとえ一瞬興味が失せたとしてもすぐに取り戻せるからです。

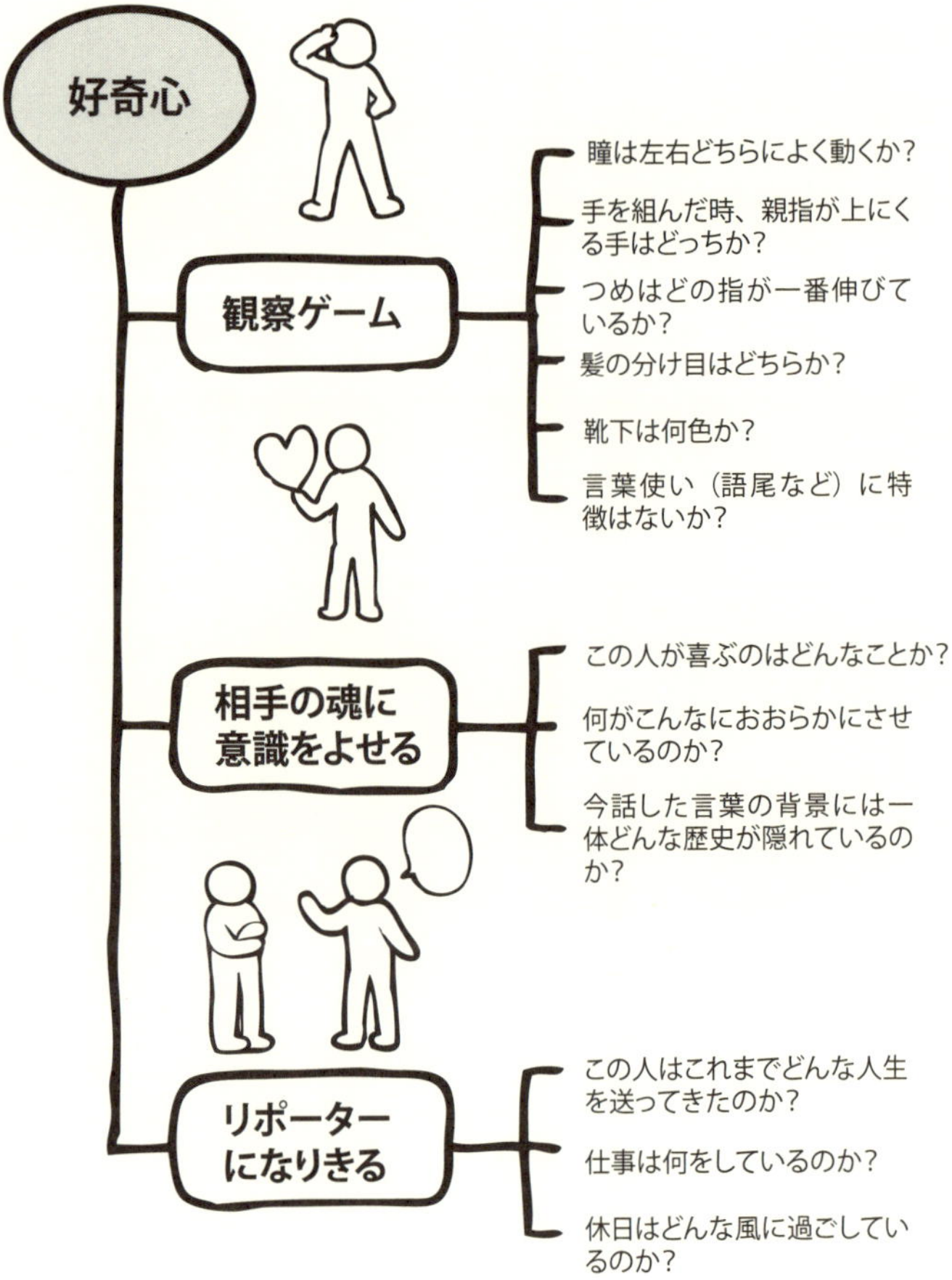
好奇心
観察ゲーム
瞳は左右どちらによく動くか？
手を組んだ時、親指が上にくる手はどっちか？
つめはどの指が一番伸びているか？
髪の分け目はどちらか？
靴下は何色か？
言葉使い（語尾など）に特徴はないか？
相手の魂に意識をよせる
この人が喜ぶのはどんなことか？
何がこんなにおおらかにさせているのか？
今話した言葉の背景には一体どんな歴史が隠れているのか？
リポーターになりきる
この人はこれまでどんな人生を送ってきたのか？
仕事は何をしているのか？
休日はどんな風に過ごしているのか？

私がよくやるのは、テレビのリポーターのように振る舞うことです。リポーターは相手がどんなに売れていないお笑い芸人でも、初めて名前を聞く演歌歌手であってもインタビューしなければなりません。自分の関心度合いに関係なく、視聴者が知りたいことを聞き出すのが役目です。

仮に「自分がどう思われてるか」が気になりだしても、

「私は周りの声を代表してインタビューしているのだ」

「相手の反応は、私個人にではなく周りに対してなんだ」

と理由づけできるのもインタビューのよいところです。

興味が沸かない人に興味を持つのはハードルが高いことですが、**リポーターになりきることで自然と客観的な立場になり、人見知りを緩和できる**ようになります。

5 もうひとつのエンジンを始動させる

さて、これまでの3つのステップでひとつ目のエンジン「好奇心」が順調に動き出したら、いよいよ、2つ目のエンジン、**表現心**も始動させましょう。

「オギャー」と生まれた瞬間から母親にアピールしたように、私たちには大なり小なり自分を表現したいという心があります。

あなたもそうではありませんか？　大人になった今でも、「私を見て！」「気持ちをわかって！」「メッセージを受け取って！」と願う時は、何とかそれを伝えようと言葉や体で表現するでしょう。

そんな、表現したいという当たり前の気持ちが、なんらかのきっかけで抑圧されてしまったのが人見知りの状態です。十分に表現できないことが、周りからの誤解を生む原因となるのです。

「何もいわないほうがうまくいく」「話しかけられると顔が引きつってしまう」というあなたは、失われた表現心を取り戻すことから始めてみましょう。

相手にあなたの感情を正しく伝えることができるようになれば、人見知り特有の自意識過剰な面が緩和されるだけでなく、「しゃべりにくそう」「一緒にいて面白くなさそう」といった誤解もなくなります。

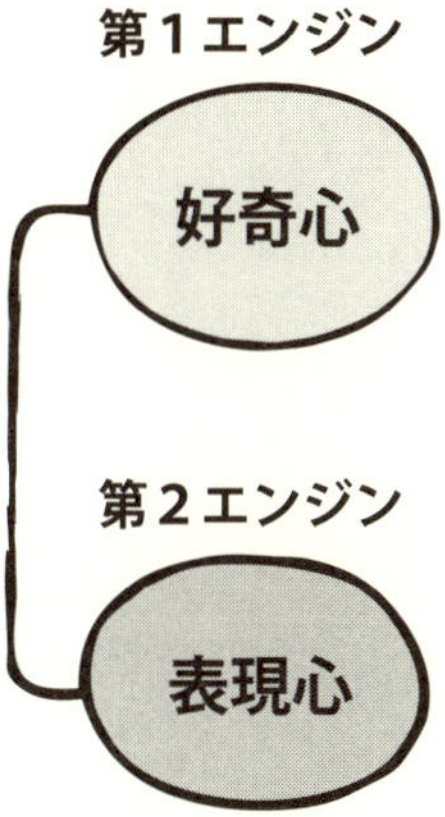

6 たとえ、言葉を話さなくても……

表現心を取り戻す上で最初に意識してほしいのが、**体を使ったリアクション**です。

言葉を選びすぎる人見知りだからこそ、うれしいならうれしい、寂しいなら寂しいという感情を子どものように素直に体を使って表現するのです。

①うれしい時

両手を自分の胸の辺りで握ってみます。これだけで〝うれしさ〟が伝わります。

さらに余裕があれば笑顔も欲しいところです。どうしても顔が引きつってつくり笑いのようになってしまう場合は、まゆを少し上げるだけでも効果があります。

②寂しい時、悲しい時

片方の手のひらを胸にそっと当てながら、左右どちらか斜め下に視線を向けてください。状況により、かけていたメガネを外す、ため息をつく、口元に手を当てるといった仕草も有効です。

③断りたい時

両手を自分の顔の辺りで合わせて「ゴメン」と

いうポーズをとります。その後、その手を「×」のように交差させて首を一回左右どちらかに傾けます。もちろん、もっと強い意志を示したい時は手のひらをカベのように突き出す方法がベストですが、それができるのなら言葉がけで悩んでいることもないでしょう。

④承諾する時

これはカンタンで、親指だけを立てて握る、あるいは人差し指と親指で丸をつくって「ＯＫ」のポーズをとるだけです。ちなみに、ここで社交的な人ならば、昔タモリさんがテレビでやっていた頭の上で大きく両手をわっかにする「友達の輪」のジェスチャーをするかもしれませんね。

⑤驚いた時

両手をバンザイして、その高さによって〝びっくり度〟を表わしたり、少し体をのけぞったりすると効果的です。

たとえば相手が「実は……」と話し始めたら、その準備をします。「実は……憧れの人が結婚したんだ」「実は……試験に合格したんだ」「実は……家に帰ったら犬がいたんだ」など、その後の話は間違いなく、あなたに驚いてほしいことが続くからです。

ここで相手が期待するリアクション、つまり「驚き」を表現できないままでいると、「この人と一緒にいてもつまらない」と思われてしまうでしょう。

特に天然型人見知りは、「え〜!? ウソォ〜?」「マジで?」「それ、ホント?」「すご〜い!」のような言葉がパッと出てこないので、相手の会話欲を削がないようボディーランゲージでカバーすることが大切です。どうしても恥ずかしくて

できない時は、目を大きく開くだけでも構いません。

このような体を使ったリアクションがひとつでもあれば、「つくり笑いだけの表面的なつき合いじゃないか?」「あの人、何考えているかわからない……」といった誤解を受けることが少なくなります。

世界中で愛されているディズニーランドのミッキーマウスだって、ボディランゲージだけであなたと意思疎通をしていることからも、体を使ったリアクションは表現心を取り戻す上で絶対に欠かせないものだといえます。

7 体を動かせば自然に出てくる

ここまでお伝えしたことを実際に試してくれたあなたなら、気づいたかもしれません。**体を動かすと自然に言葉が出てきませんか？**

うしろにのけぞれば「え？」。両手を胸の辺りで握れば「ありがとう」。こんな風に、体の動きにぴったりな感情が言葉になってこぼれ出たはずです。

「いや、私は出てこなかった」という人も、もちろんいるでしょう。でも、それはグッとこらえていただけで、本当はポロッと出そうになったのではないでしょうか。

無理して何かしゃべろうとしなくても、実は体を先に動かせば自然と言葉は溢れ出てくるものなのです。

◉アナウンサーは動きながらしゃべる

私がプロになる前に通っていたアナウンス学校のナレーションの授業では、必ず体に動きをつけながら読んでいました。

もちろん、好き好んでやっていたわけではありません。先生に強制的にやらされていたのです。しかも、ジャージに着替えての練習だったので、まるで劇団の稽古のようでした。

たとえば「すうっと風が吹いてきて……」のところでは、右手を右から左に流します。

「おともの下男がひょこひょこついていきます」では、実際にひょこひょこと歩きながら声に出すのです。

はじめは「何でこんなことまでさせられるんだ」と思っていましたが、やっていくうちに、そのほうが表現しやすいことに気がつきました。

文字を追うだけよりもイメージしやすく、声にも乗せやすいのです。頭の中であれこれ考えなくてもポロッとセリフが出てくる。実はそういう時ほど、相手はリアルに感じるので、自分の気持ちを正確に伝えることができます。

グルメレポーターが食べた後に必ず、のけぞって「やわっ！　おいし～い」「うっ！　これ、もう一個くださ～い」とコメントするのも、その効果を知っているからです。

体を動かすと、まるでそれがスイッチとなって言葉が出てくる。

もちろん、それはたったひと言かもしれません。でも、そのひと言ほど、その場の感情をリアルに表わすものはないのです。

8 人見知りに自信を持つ！

あなたの人見知りする面を目立たなくさせる、ハイブリッド人見知り緩和法を説明してきましたが、実際にチャレンジしてみて、特別なことは何ひとつなかったはずです。

最初から内側に備わっている「好奇心」と「表現心」というエンジンに火をつけるだけ。たったこれだけで自意識過剰な面が薄まり、相手に誤解されにくくなります。

ぜひマスターして、自分の感情を体でも言葉でも少しずつ表現できるようになってください。そしてさらにその枠を広げていってほしいのです。

なぜなら、人見知りが「人見知りでよかった」と逆に自信を持つようになるからです。

そう！　あなたに目指してほしいのは、人見知りな在り方（Be）はそのままに、社交的なテクニック（Do）を身につけた**社交人見知り**なのです。

相手が初対面だったり、話の内容が面白くなかったりすると、人見知りのあなたは、ほとんどリアクションすることがなかったかもしれません。

でも、これからのあなたは違います。

相手の立場を理解し、期待されるリアクションを起こすことができる。

自分の気持ちを素直に表現することもできる。

それが「社交人見知り」なのです。

テクニック (Do) を身につければ人見知りは目立たなくなる！

これで、人見知りにさようなら！

「カリスマ型人見知り」を目指す！

- ◉「カリスマ型」になれば、人見知りの悩みは消える
- ◉カリスマになるための毎日の習慣を続ける

↑

場面別人見知り対処法でどんな状況も乗り切る！

- ◉新しい職場で働く時、営業の初回訪問のコツ
- ◉合コン・パーティー・飲み会に参加するときのコツ

↑

行動・話し方を変えて「社交人見知り」にバージョンアップ！

- ◉社交的な行動を真似れば、社交的な人に見える
- ◉表情・仕草・話し方をちょっと変えてみる

↑

「ハイブリット人見知り緩和法」で人見知りを目立たなくする！

- ◉「好奇心」に火をつけ、自意識レベルを下げる
- ◉体を動かして、「表現心」を取り戻す

↑

人見知りのメリット・デメリット、基本を押さえる！

- ◉人見知りは特別なことではない
- ◉人見知りしてしまう理由、自分のタイプを知る

3章

行動・話し方を変えて「社交人見知り」にバージョンアップする！

1 目指すは、社交人見知り！

これまで人見知りとは、何か「改善しなければならない性格」のように思っていたでしょう。初対面が苦手だったり、自意識過剰な面があったりで、「もっと社交的な自分になれたらなぁ……」と祈るような気持ちでこの本を手に取ったかもしれません。

しかし、そんな人見知りするあなたにもよいところはたくさんあります。

少しの人と深くつき合えるところ。

確固たる自分の意志を持ち、決して他人の意見に流されないところ。

「口が堅い」「用心深い」「察知力がずば抜けている」など、他にもたくさんの素晴らしい長所があることは1章で述べた通りです。

だからこそ、できれば**長所はそのままに、社交的な要素を身につけたいと思いませんか？**

そんな、一見、矛盾にも映る理想の状態を実現する方法が、**「社交人見知り」へのバージョンアップ**なのです。

せっかく最初から備わっている魅力を失ってしまったら、もったいない！　過去のソフトもきちんと動かすことができる最新ＯＳソフトのように、決して人見知りをなおすのではなく、あなた自身のありのまま、初対面でも会話が怖くなくなるコツなどを一つひとつつかんでいくのです。

この章ではバージョンアップの方法をご紹介していきますが、人見知りなら誰でもできるわけではありません。ハイブリッド人見知り緩和法を実践してきたあなただからこそできるのです。

2 社交人見知りと普通の人見知りとの違い

社交人見知りは、たとえ相手が初対面であっても必要とあれば話しかけることもできるし、会話を弾ませることもできます。

旅行先で見ず知らずの人と一緒に行動することになっても大丈夫。最後まで楽しく過ごせます。そのため、一見、社交的に映りますが、実は根っこの部分は変わっていません。人見知りのままなのです。

違うのは、自分が困った時や相手への思いやりが大切な場面で、意識して社交的な振る舞いができるところです。

この本を手に取ってくれたあなたなら、性格を変えるのがどれだけ大変なことか身をもって知っているはずです。

一朝一夕にAからBにチェンジできるものではありません。過ごしてきた環境、習慣の積み上げが今のあなたをつくっているので、生まれ変わるためには、それ以上の時間と習慣が必要になるからです。

ところが、**社交的な「フリ」をするだけならテクニックで誰でもできてしまうのです。**

めったに会わない上の階の住人とエレベーターが一緒になっても、その時だけ会話ができるコツさえ知っていれば、難なく切り抜けることができてしまいます。軽やかに、爽やかに、挨拶だって交わせるでしょう。

仕事の関係者が集まるパーティーに、急遽出席しなければならなくなった場合でも、恐れることはありません。

これがテクニック（Do）を身につけた〝社交人見知り〟なのです。

3 バージョンアップのポイントは行動にあり！

アメリカの心理学者スザンヌ・スタインメッツ氏は、人は「与えられた役」を「その人そのもの」と思い込みやすいことを実験で証明しました。

どんな実験をしたかというと、３つのグループに分けた参加者にそれぞれ、司会者役、解答者役、観客役を演じてもらったのです。

「司会者役」はクイズを読み、「解答者役」はそれに答え、「観客役」は、その様子をずっと観察します。そして最後に「あなたは司会者と解答者をどう思いましたか？」と観客役に聞いてみたのです。すると、ほとんどが次のようなイメージでした。

「司会者は解答者よりも賢くて知識も豊富だ」

これはつまり、「与えられた役」を「その人そのもの」と思い込んでしまったということです。

あなたがどんなに話ベタでも、司会者役を演じることになれば、クイズを読んだり、参加者をまとめたりすることになるでしょう。

その時、あなたの行動が台本通りであろうとアドリブであろうと、**周りはその行動からあなたの性格を判断してしまう**のです。

この心理を応用すれば、「社交人見知り」に変身できます。あなたは後ほどご紹介するテクニックを実際に使って、社交的な行動をただ真似るだけ。たったそれだけで、社交人見知りにバージョンアップできるのです。

では、さっそく、とりかかりましょう！　最初は会話を仕掛けるテクニックからです。すでに人見知りを緩和するコツを覚えたあなたなら容易にできます。

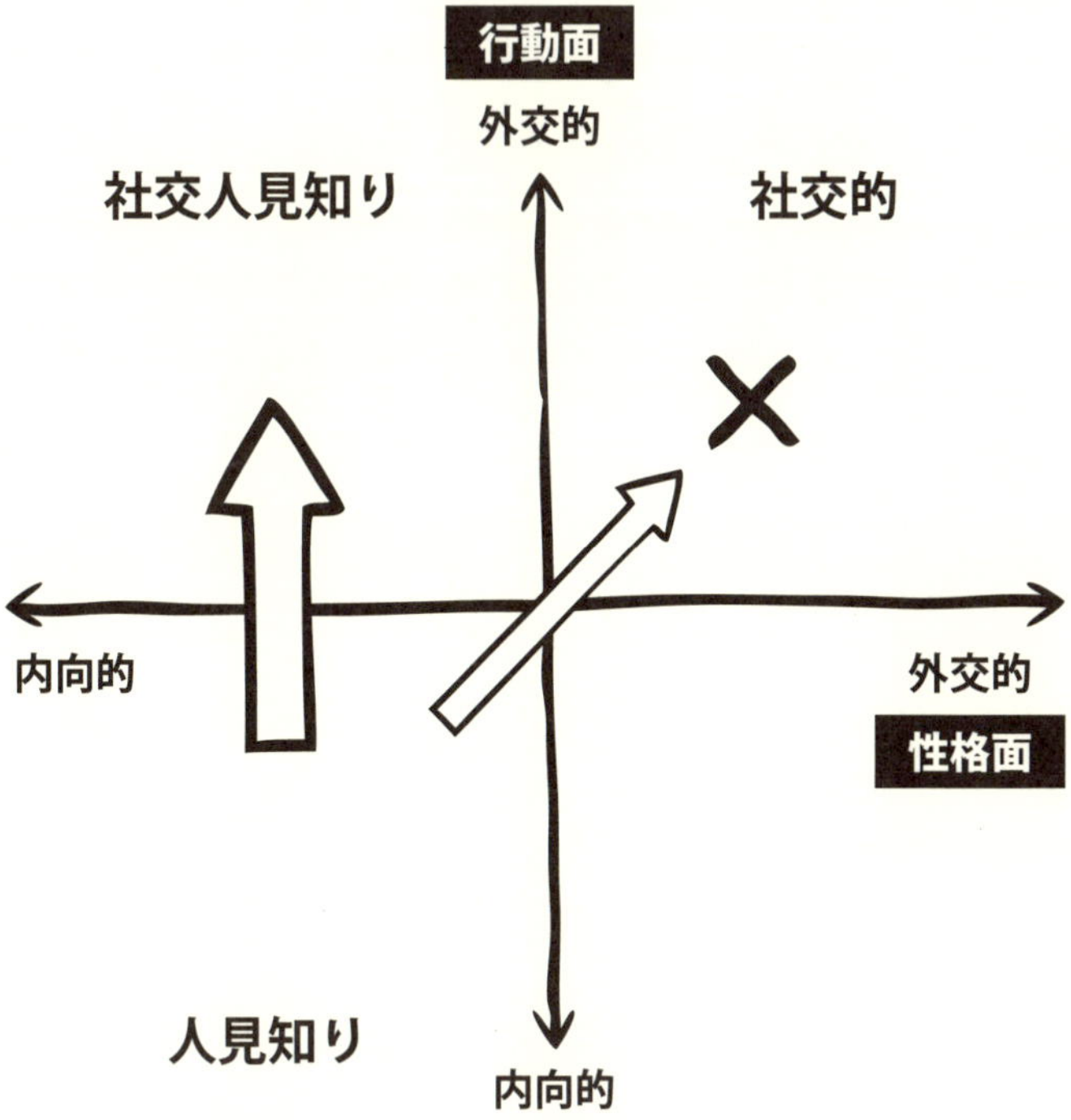

性格ではなく、まずは行動面を外交的にする

4 「ミッキー!」と小さくつぶやく

▼会話を仕掛ける5つのテクニック1

「こんにちは」「おはようございます」「はじめまして」などの挨拶は、どんな時も会話の入り口となる大切なスキルですが、わかっていてもなかなかできないのが人見知りです。

これができないばかりに、新しい職場での休憩時間につい寝たフリをして、誰とも話さずに過ごしてしまったことがあるかもしれません。

身も蓋もない言い方ですが、挨拶ができるようになるためには、とにかく挨拶を〝する〟しかありません。とはいえ、あなたは挨拶が苦手だからこそ、この本を手に取ってくれたんですよね。ここでは挨拶が苦手なあなたのために、〝挨拶を後押しするテクニック〟をご紹介します。

方法は簡単です。**今すぐ口角を上げてください**。

挨拶上手な人ほど口の両端が上がっているからです。実際にやってみると体感できますが、この行動、仕草を真似るだけでまるでスイッチが入ったように挨拶が出てくるようになります。

逆に出ないと違和感を持つでしょう。その感覚が気持ち悪くて、「こんにちは」「おはようございます」「はじめまして」などの挨拶がポロッと出てしまうのです。

ここで、万が一、言葉が出てこなかったとしても大丈夫。ちょっと鏡で自分の顔を見てみましょう。

「口角を上げる」とは、「笑顔をつくる」ということです。無愛想なままよりはるかに印象がいいのは、いうまでもありません。笑顔のフリをするだけで十分なのです。社交人見知りは社交的な人の〝行動〟を真似るだけでいいのです。無理に笑おうとせず、口の両端を上げることだけ意識してください。

私はよく「ミッキー！」と小さくつぶやいてから、初対面の人と会うようにしています。こうすると、自然に口角が上がるからです。

タクシーを止めるには手を挙げる！
初対面の人には口角を上げる！

無理やりにでもこう覚えてください。会話の入り口が自動的に見つかる、とっておきのコツです。

5 手を差し出す

▼会話を仕掛ける5つのテクニック2

「手を差し出す」というのも、会話を仕掛ける強力なスイッチとなります。

相手の胸元よりやや下に手を差し出します。すると、相手もとっさに手を差し伸べて握手してくるでしょう。

この状況があなたを自然に挨拶へと向かわせます。無意識のうちに「はじめまして、○○です」「よろしくお願いします」と口火を切ってしまうのです。

ただし、相手が異性の場合、「握手」そのものを意識しすぎると緊張でできなくなることがあるかもしれません。それを防ぐためにも、

僕（私）は初対面の人に会ったら手を差し出す

単にそういうルールで行動するだけなんだと決めてしまうのです。それ以上でもそれ以下でもありません。朝起きたら歯を磨くのと同じように、あくまでも習慣のひとつと捉えてください。

6 感謝の言葉が出てくる状況をつくる

▼会話を仕掛ける5つのテクニック3

『お金でなく、人のご縁ででっかく生きろ！』（サンマーク出版）の著者中村文昭さんは、新幹線でたまたま隣り合わせた人とも縁をつくるために、ワザとお金を落とすそうです。相手がそのお金を拾ってくれている時に「ありがとうございます！」「どちらまで行かれるのですか？」と仕掛ける。

自分が感謝するような状況をつくってしまえば、たとえ初対面であろうと自然に、かつ印象よくきっかけをつくることができるからです。

これを応用すれば、人見知りのあなたでも会話の突破口はいくらでも見つかります。

たとえば、新しくクラス替えしたばかりで友達がいない。でもせめて隣の子と話せるようになりたい時は、冗談抜きで筆箱を落とせばいい。パーティーや披露宴では料理を取ってあげて逆に感謝されるのも手です。

どちらでも構いません。**きっかけに困ったら、相手、もしくはあなたが「ありがとう！」といってしまうような行動をとる**のです。人見知り得意の察知力を目の前の人に向けて、感謝されそうなこと、あるいは感謝してしまうことを素早く見つけてください。

私はこのことを、人見知り、かつあがり症のサラリーマン時代に学びました。

◉サラリーマン時代に学んだ「お客さんに感謝される」方法

オーディオメーカーで営業をしていたので、年末年始の繁忙期になると、土日のほとんどは販売店の店頭に立って接客です。もちろん接客ですから、相手は初対面です。いくら人見知りでも、自社商品を売るためには声をかけなくてはなりません。

「いらっしゃいませ！」

「カタログをご覧になりますか？」

「こちらの商品は他にブルーの色があります」

勇気を振り絞って毎回やってみます。ところが、私を避けるようにさっと相手が離れてしまうのです。こちらから声をかけても、それを会話のきっかけにすることすらできません。当時は自分そのものを否定された気がして自信を失いました。

しかし、ある時気づいたのです。

そもそも、カタログを欲しいと思っていないお客さんに「カタログをご覧になりますか？」と声をかけているから失敗してしまう。相手が今、何を求めているのかを察知し、それを必要なタイミングで提供できれば、きっかけにならないはずがない。

そう考えてからは、まず相手を観るようになったのです。すぐに声をかけるのはやめて、掃除するフリをしながら注意深く観察してみました。すると、下を向いてキョロキョロしている人はカタログを探している、斜め上をぼんやり見ている人は、その商品を部屋に置いた状態をイメージをしているなど、おおよそのことがわかるようになったのです。

今思えば当たり前のことですが、余裕のない状態ではつい自分のことばかり考えてしまうものです。

お客さんが望んでいること、感謝されそうなことをただ行動に移すだけでいい。斜め上にあった目線が商品へ向いた時に「こちらはブルーの色もありますよ」と声をかければ、喜んで話を聞いてくれます。接客上手な人は、そういう状況を巧みにつくり出しているので、会話を仕掛けるお手本にするとよいでしょう。

「感謝する」にも「感謝される」にも、相手をよく観ることが欠かせません。

7 よ・み・か・き・ソロバン

▼会話を仕掛ける5つのテクニック4

「話すことと料理は同じだ」と、よくたとえられます。

誰でも最初は「今晩のメニューは何にしようかな」と考えてから、その材料を探しに出かけますよね。カレーであれば、ジャガイモ、人参、たまねぎといった野菜を選ぶことが多いでしょう。あるいは、イカやタコといったシーフードを具材にするかもしれない。

いずれにせよ、材料次第で味が変わってくるのは、何かを話す時も一緒です。だからこそ、話材選びが重要になってくるのですが、料理と違うのはスーパーに行けば買えるものではないという点です。

そのため、なかなか思い浮かばずに話のきっかけがつかめないという人もいるでしょう。でも、**話の材料は、あなたの周りにいくらでも転がっています**。ただ、関心がないために、拾われずに、そのまま腐って捨てられてしまっているだけなのです。

それを防ぐために、ハイブリッド人見知り緩和法では好奇心というエンジンに火をつけてもらいましたが、ここでは、より具体的な「話材を集めるためのコツ」をご紹介しましょう。好奇心に火がついたら、「よ・み・か・き・ソロバン」と頭の中で思い出してください。私がアナウンススクールに通っていた時に教えてもらった方法で、「読み書きそろばん」の頭文字に話材が含まれているのです。

1 よ……読む（新聞・雑誌・週刊誌・単行本、ホームページ、ブログ、メルマガ）
2 み……見る（自然・職場・映画・テレビ・電車・街）
3 か……感じる（話題について自分で感じたこと）
4 き……聞く（人から聞いた話）

5　ソロバン……行動（自分で実際に体験したこと）

初対面の人と出会ったら、この中から、自分の好奇心に合わせて材料をチョイスするだけです。もちろん、そのネタは新鮮なほうがいいのはいうまでもありません。

料理と同じです。いつも新聞しか読まないのであれば、週刊誌を読んでみるとか、あるいは、別の新聞を読んでみる。同じ新聞でもスポーツ面だけでなく、普段あまり読んでない政治経済面にも目を通すなど、いつもと違うところに意識を向けてみるのです。すると、自分でもびっくりするくらい、お宝な話題や新鮮なネタに出会うことに気がつくでしょう。

あなたが今、電車通勤をしているのであれば、ひとつ手前の駅で降りるのも手です。普段、通っていない道を歩いてみるだけでも、おしゃれなお店を見つけたり、素敵な景色が広がる穴場スポットを発見できたりするかもしれません。

これが一つひとつ集まって、「あなただけの話材」となるのです。話のきっかけとなるネタを生かすも殺すも、結局は、あなたの好奇心次第なんですね。

8 名前を聞く

▼会話を仕掛ける5つのテクニック5

これは、私がよく使うテクニックです。

相手の名前を聞く、もちろん、これだけなら誰もがやっている当たり前のことですが、その時に「どんな字を書くのですか?」と尋ねて、名前を紙に書いてもらうのです。あるいは名刺をいただいてもいいでしょう。

そして、相手の名前がわかったら、パッとその字画を計算してこういいます。

「素敵な名前ですね！　17画ですから、気がつくと周りに人が集まってくる人気ものでしょう?」

すると相手は「そんなことないですよ」と謙遜したり、「いつも一人ぼっちだけどなぁ」と否定することがほとんどですが、嫌な顔は一切しません。むしろ、うれしそうな顔をして、その後のリアクションを待っているかのようにも見えます。

私の場合は姓名判断の知識があるので、ここで、どんなに否定されようとも「実はアイドル歌手が人気運をつかむために必ずつける画数なんですよね。きっと、ご自身で気づいていないだけでしょう」と返すのですが、実は、この時の返事が会話を続けるトリガー（引き金）となることが多いのです。実際、相手は「そうなのかなぁ」といいながらも、どんどん名前の話に食いついてくるようになります。

では、なぜ、相手の名前を聞くことが話のきっかけになりやすいのでしょう？

それは、**他ならぬ「自分」のことだから**です。しかも、名前は、自分が生まれた時に最初にプレゼントされたものです。意識してようとしていまいと、大切なものであることは間違いありません。

いわば、自分の分身とも呼べる大事な名前を最初の出会いで取り上げ、しかも興味を持って大切に扱えば、話の突破口とならないわけがないのです。私のように姓名判断などできない場合、相手の名前の由来を聞くだけでも、会話の糸口となります。ご両親が願いを込めた、その名前の意味や背景を聞いてみましょう。

私の本名であれば、〝達人で人格者であれ〟と父がつけてくれた「達格《たつのり》」という名前があります。その由来を初対面の人に聞かれれば、照れこそあれ、うれしくないはずがありません。

あまり聞いたことのない珍しい姓であれば、「生まれはどちらですか？」「西目さん⁇　ひょっとしてご先祖さんは沖縄ですか？」と、家系のルーツを聞くのも手です。ぜひ、試してみてください。

ちなみに、私がよく使う姓名判断は「あなたは、こんな人です」というのがわかるので、割と話が盛り上がりやすいのですが、反対に「あなたが人にできることとは、こんなことです」、つまり、その人の使命をアドバイスすることができると、もっともっと盛り上がります。自分の名前から「自分が人にできることは何なのか」を紐解ける本がありますので、興味があれば、ぜひ参考にしてみてください。天才コピーライター・ひすいこたろうさんと名前のことだま教師・山下弘司さんとの共著『人生が100倍楽しくなる名前セラピー』（毎日コミュニケーションズ）です。この1冊があれば、会話の仕掛けに困ることはなくなるでしょう。

火種がついたら団扇であおってさらに炎を大きくしていくように、会話のきっかけをつかんだら、そこからどんどん広げていくことが大切です。そのためにも、次にご紹介する3つのテクニックで会話に風を送ってください。これまであなたが味わったような、ひと言、二言で話がストップすることなく、ぐんぐん大きく広がっていくようになります。

- 「ミッキー」で口角を上げる
- 手を差し出す
- 感謝する・される状況をつくる
- 「読み書きそろばん」で話材を集める
- 名前を聞く

9

定型の自己紹介を用意しておく

▼会話をストップさせない3つのテクニック1

カラオケに行ってパッと歌えるのは、あらかじめ歌える曲があるからです。同じように、初対面でも話を続けられる人は、**前もって自己紹介のパターンを用意しているの**です。

人との出会いが増えるほど、自分を知ってもらう機会も当然増えていきます。あなたも、これまで幾度となく「自己紹介」をしてきたことでしょう。その度に、「あぁ、私は何てへたくそなんだ」と思ったかもしれません。

自分よりも上手に紹介している人を見ると、私だってその場を逃げたくもなりますす。でも、自分と上手な人との差は何かといえば、最初からネタとして持っているか、持っていないかだけなのです。

あらかじめ用意している人は、たとえ不意に振られても、その場に合わせた自己紹介ができますが、何も準備をしていない人は、余程アドリブが得意な人以外できなくて当然なのです。

そのため、私もそうですが、自己紹介の上手い人は大抵、時間や状況に合わせて3つのパターンを持っています。それをただ、本番で出しているだけです。

今のあなたがどんな仕事をしていようと、学生であっても主婦であっても、人と会う以上は自分を紹介する機会から逃げられません。

カラオケで歌を歌うように、その時に備えてさっそく今から用意しておきましょう。

自己紹介はポイントさえ外さなければ、決して難しくありません。次の基本パターンに当てはめるだけで誰でもカンタンにできます。

①最初の挨拶

▼「はじめまして」「こんにちは」「おはようございます」「こんばんは」など

先ほどの会話を仕掛けるきっかけと同じです。口角を上げて、あるいは「ミッキー！」とつぶやきながら、自己紹介の入り口にします。

②名前の紹介

▼「麻生けんたろうです」

挨拶に続く名前の紹介では、自分の名前を印象づけるパターンがあります。

「麻生けんたろうです。テレビや新聞で〝麻生降ろし〟という言葉を聞くたびに、なんか胸がキュンと痛くなったのですが、あの方とは友人でも遠い親戚でも何でもありません。単なる〝たろう〟違いの麻生けんたろうです」

「麻生けんたろうです。友人からは〝あそけん〟と呼ばれています。よろしければ、ぜひ、そう呼んでください」

ほかにも「添田介太郎です。普通に読めば〝そえだすけたろう〟ですが、〝てんてん、かいたろう？〟って覚えていただいても結構です！」など、読み方を変えたり、名前の由来を紹介したり、さまざまな方法があります。ちなみに、私の本名は達格と書いて「たつのり」と読むのですが、ほとんどの人が「たっかく？」と読み間違えます。そこで「どんな仕事に就いても達人であれ、人格者であれと、そう願って父がつけてくれましたが、まだまだ半人前の〝たっかく〟です」と紹介するようにしています。

誰も読めない名前こそ、印象づけるチャンスです。そこから会話が広がることも多いので、ぜひ、自己紹介に、名前の由来なども入れてみてください。

③ワンポイントPRの挿入

▼「経歴」「性格」「熱意」など

名前を紹介したら、次にひとつ訴えたいものを入れます。今の仕事内容でもいいですし、出身地でも構いません。趣味や特技、この場にいる理由など、それを通じてあなたの人柄までわかるような内容がベストです。

「東京生まれの横浜育ち。でも今は縁あって北海道に住んでいます。元々あがり症のサラリーマンだったのですが、あるきっかけでそれを克服し、今では人前でしゃべる仕事をするようになりました。その経験を書いた『さようなら！「あがり症」』という本もありますので、よかったらぜひ読んでみてください。ひそかに、出版界の大泉洋を狙っています！」

あがり症を克服したことで人生が変わった――これがワンポイントPRになります。

自己紹介で最も大切なのは、それによって相手が何か引っかかるものを感じるようにすることです。それはなんでも構いません。

「面白そうだな」「やさしそうだな」「あったかそうだな」、あるいは「この人と知り合いになったら得かな」でもいい。人柄じゃなくても、とにかく何か引っかかるものさえあれば、そこから話が広がっていくケースが多いからです。

こう言うと「私にはそんなPRするものなど何ひとつない」と返す人がいますが、そんなはずはありません。堂々と「人見知り」をPRすればいいのです。

「北海道からきました。いきなりこんなことというと信じてもらえないかもしれませんが、実はこういう騒がしい場所にいたり、初対面の人と話したりするのが大の苦手なんです。地元では〝人見知り道産子〟って呼ばれています。でも、ある本を読んだことがきっかけで、ちょっとずつですけど話せるようになりました。今日はその成果を頑張って出したいので、遠慮なく声をかけてください！」

こんな感じで話せば、「私も騒がしい場所は苦手なんです」「北海道のどちらですか？」「その本にはどんなことが書いてあったんですか？」と聞かれて、一気に話に花が咲くでしょう。事実、私は「どんなきっかけだったんですか？」「どうやって克服したんですか？」と必ず聞かれます。

自己紹介の肝は相手の心に〝フック〟をかけること。それを可能にするのがワンポイントPRです。

④結の挨拶

▼「どうぞよろしく！」「ありがとうございました」など

最後は例文のように短くしめます。ここでもう一度「……麻生けんたろうでした」と自分の名前を入れても構いません。

以上の４つのパートからなる自己紹介をあらかじめ用意しておくのです。できれば、「30秒用」と「1分用」に分けて準備をしておくといいでしょう。

自分の名前を印象づけてからワンポイントPRに持っていくと大体1分になります。逆にどちらかを外すと30秒ほどになる、そう覚えておけば安心です。

【30秒パターン】

「はじめまして、麻生けんたろうです。

東京生まれの横浜育ち。でも今は縁あって北海道に住んでいます。元々はあがり症のサラリーマンだったんですけれども、あるきっかけでそれを克服し、今では人前でしゃべる仕事をするようになりました。その経験を書いた『さようなら！「あがり症」』という、同文館出版から出した本もありますので、よかったらぜひ読んでみてください。ひそかに、出版界の大泉洋を狙っています！

どうぞよろしく！」

【1分パターン】

「はじめまして、麻生けんたろうです。

テレビや新聞で〝麻生降ろし〟という言葉を聞くたびに、なんだか胸がキュンと痛くなったんですけれども、あの方とは友人でも遠い親戚でも何でもありません。単なる〝たろう〟違いの麻生けんたろうです。友人からは〝あそけん〟と呼ばれています。よろしければ、ぜひ、そう呼んでください。

生まれは東京、育ちは横浜、でも今は縁あって北海道の旭川に住んでいます。

元々はあがり症のサラリーマンだったのですが、あるきっかけでそれを克服し、今では人前でしゃべる仕事をするようになりました。その経験を書いた『さようなら！「あがり症」』という、同文館出版から出した本もありますので、よかったらぜひ読んでみてください。ひそかに、出版界の大泉洋を狙っています！

どうぞよろしく！　麻生けんたろうでした」

合コンはもちろん、異業種交流会などのパーティーに参加すれば、必ずといっていいほど自己紹介タイムがあります。新しい職場に配属された時、赴任した時、あるいは、その歓迎会に出席した時もそうでしょう。

たとえ、プログラムに「10時15分　自己紹介」と書かれていなく

自己紹介は４つの要素で考える

1. 最初の挨拶
2. 名前の紹介
3. ワンポイント PR
4. 結の挨拶

ても、初対面の場に自己紹介は欠かせません。必要だとわかっているものは、面倒くさがらず事前に準備しておくのです。

10 〝ド〟から始まる質問をする

▼会話をストップさせない3つのテクニック2

簡単な挨拶の後、何をしゃべっていいのかわからなくなる時があります。自己紹介をしても、相手からのリアクションがひとつもない。このままでは、ここで会話がストップしてしまう。

そんな時に思い出してほしいのが、〝ド〟から始まる質問です。

「どちらからいらしたんですか？」

「どんなきっかけでいらしたんですか?」

「どんなお仕事をされているんですか?」

「どこの学校ですか?」

「どなたからのお誘いですか?」

「どのくらい、こちらにきて経つんですか?」

「どうして……」


このように、まずは頭の中に〝ド〟の1文字を思い浮かべます。そして、そこから繋がる質問をするだけです。たった、これだけで会話が繋がっていきますので、迷ったら〝ドから〟と覚えてください。例文の他にも「どんな風に……」「どれほど……」「どうすれば……」を使うと、さらに質問範囲が広がっていきます。

困ったときには…　「ド」から始まる質問！

どちらからお越しですか？

どなたのご紹介でいらしたんですか？

どうでした？　今日のパーティーは！

どこが一番よかったですか？

どれほどチャレンジしたのですか？

どんな風に考えたらいいのでしょう？

どうなれば……

どうやって……

11

バックトラッキングを意識する

▼会話をストップさせない3つのテクニック3

バックトラッキングとは、いわゆる「オウム返し」のことです。

たとえば、相手が「北海道から来ました」と答えたら、あなたは「北海道からですか！」と返します。つまり、**相手が話した内容のキーワードをそのまま繰り返す**のです。

これがどうして会話を続けるのに効果的なのかというと、**相手から〝YES〟の反応がとれる**からです。

相　手「北海道から来ました」

あなた「北海道からですか！」

（相手の心の中：ハイ）

あなた「どんなきっかけでこちらに？」

相　手「たまたまホームページを見て、イベントがあることを知って……」

あなた「ホームページでねぇ……」

（相手の心の中：ハイ）

あなた「どうでした？　今日は収穫ありそうです？」

相　手「もう、ありありですね」

あなた「ありありですか！」

（相手の心の中：ハイ）

このようにバックトラッキングを積み重ねていくと、そのリズム自体が暗示となって、相手の潜在意識に「ハイというのが当たり前」というメッセージがすりこまれます。

その結果、知らず知らずのうちにあなたに心を開くようになり、会話が続いていくのです。

バックトラッキングは話のキーワード返しだけでなく、次のような方法もあります。

①感情返し

相手が話した内容の感情を読み取って、それを言葉にして返します。

相　手「北海道から来ました」

あなた「うぁ～！　はるばる！」

（相手の心の中：ハイ）

他にも「うぁ～！　それは大変ですね！」「うぁ～！　こっちは暖かいでしょう?」など、その時の感情に一番近いものを察知してバックトラッキングします。これが決まると、会話にうねりができてくるので、ぐ～んと盛り上がります。

②要約返し

相手が話した内容を簡潔にまとめて返す方法です。

相　手「たまたまホームページを見て、イベントがあることを知って……」

あなた「偶然目に入ったんだ！」

（相手の心の中：ハイ）

当然のことながら、この要約返しは相手の話をよく聞いていないとできません。

聞いたつもりで適当に返してしまうと逆に印象を悪くするだけです。

つい「へぇ〜それはビックリだね！」と返してしまったがために、「何がビックリなのよ！」と妻から聞き返されて、その場でうなだれたことが私には何度もあります。

このダメージは思った以上に大きいものです。そうならないためにも、要約返しをするときは必ず、相手の話をよく聞いて理解してからにしてください。

的を射た要約返しができるようになると、それ自体があなたの傾聴姿勢を証拠づけるので、他とは比べものにならないほど印象がよくなります。

③そのまま返し

オウム返しそのものです。相手が話した通りに返します。

相　手「たまたまホームページを見て、イベントがあることを知って……」
あなた「たまたまホームページを見ていたら、イベントがあることを知ったんですね！」
（相手の心の中：ハイ）

この方法をやり過ぎると、相手は理解されていると感じるどころか、かえってバカにされたような気分になるので注意してください。

私がよく使うのは「感情返し」です。経験上、一番話が続くからです。

ぜひあなたにもチャレンジしてほしいのですが、慣れるまで難しく感じてしまうかもしれません。その場合は「キーワード返し」から始めてみるといいでしょう。会話中のキーワードさえ聞き逃さなければ、それを繰り返すだけなので、誰でもカンタンにできます。

バックトラッキングは今すぐできるテクニックです。やらなきゃ損です。

自己紹介で興味を持ってもらい、〝ド〟から始まる質問やバックトラッキングを繰り出せば、たとえ人見知りでも話が続くようになります。でも、何だかそれだけじゃ物足りない。どうせ話をするな

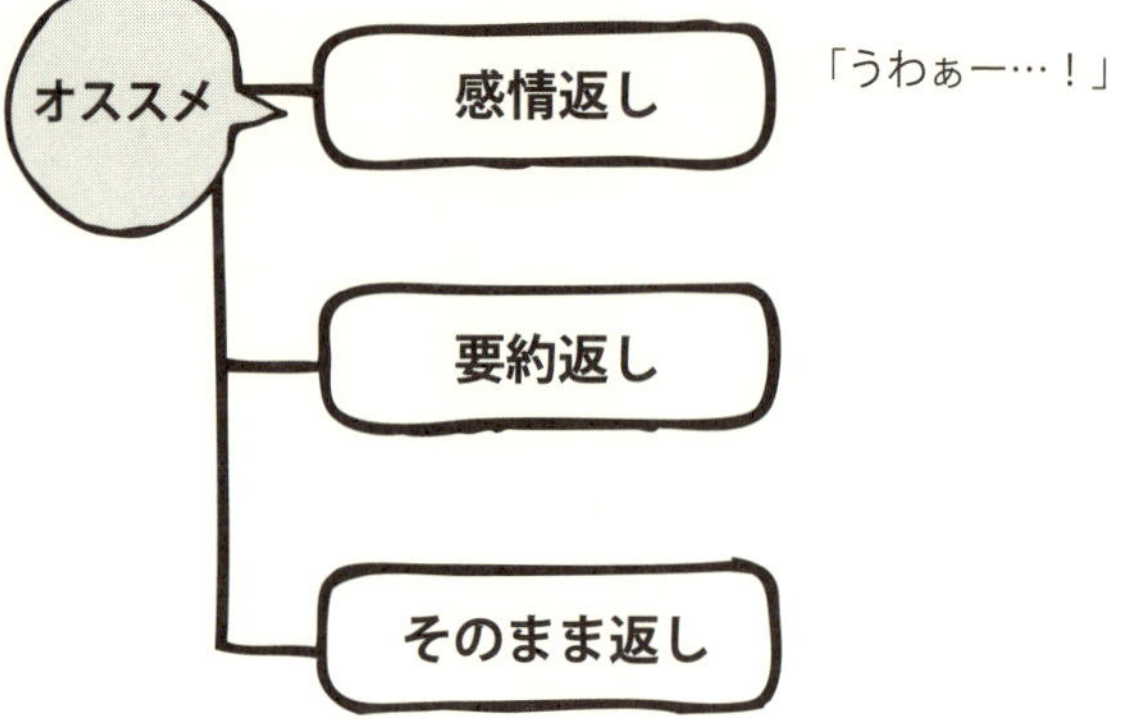

ら、楽しく過ごしたい。こんな気持ちが湧き上がってきたら、ぜひ次のフレーズを試してみてください。さらに会話が弾むようになります。

12 「教えてください！」のひと言を入れる

▼会話をさらに弾ませる3つのフレーズ1

私は以前、役職や社会的地位の高い人と話すのが苦手でした。

「こんなことをいったら自分の評価が下がるかもしれない」

「仕事ができないと思われたらどうしよう」

「失礼なことは絶対にいわないように……いわないように……」

こう思えば思うほど自然な振る舞いができなくなる。特にお酒の席では「何を話せばいいのか？」「テレビドラマの話をしても仕方ないし……」など、話題をどうしようかということで頭がいっぱいで、とにかく一緒に飲んでいるのが苦痛で苦痛で仕方がなかったのです。

ところがある時、プライベートな相談をしたところ、たったそれだけで打ち解けてしまいました。

「麻生、おれも同じことで悩んだよ。でもそういう時は……」

人生の先輩だからこそ、次から次へと経験則を教えてくれます。気がつけばあっという間に時間が過ぎて、その人のおごりになっていました。

つまり、**変にカッコつけず、教えてもらうという姿勢をとると、会話が弾んでいく**のです。

「そんな時、部長はどうやって、その壁を乗り越えていったのですか？」

「仮にその時の自分が今、目の前にいたら、何てアドバイスしますか？」

「ぜひ、そこを教えてください！」

誰でもひとつや2つ、自分の武勇伝や価値観を聞かせたいという欲求が必ずあります。年配者であればなおさらでしょう。

そこをあなたが引き出せると、一気に会話が盛り上がるのです。

あなた「どうでした？　今日は収穫ありそうです？」

相　手「もう、ありありですね」

あなた「ありありですか！　え〜、どんなところがピン！　と来たのかぜひ教えてください！」

相　手「そうだなぁ〜、一番ピン！　ときたのは……」

このように、たったひと言「教えてください！」と会話の中に入れるだけです。

いわれた相手は「教えてくださいということは、私のことを敬っているんだな。そうか、私は先生なんだ。だったら教えてやらなきゃいけないな」と無意識に感じます。すると、その扱いが心地よいから積極的に話し始めるのです。

会話の中で趣味がテニスだとわかったら、「上手くなるコツをひとつだけ教え

「教えてください」を入れる

今からでも間に合う
マーケティング方法を教えてください

元気が出るおすすめの映画を教えてください

私にもできる学習方法を教えてください

私にもできる最初のステップを教えてください

てください」と聞けばいいし、住まいが横浜なら「最近のおすすめスポットを教えてください」とお願いすればいいだけです。

たったひと言ですが、「教えてください！」は会話を弾ませる魔法のフレーズなのです。

13 「なるほど……それで？」を間に入れる

▼会話をさらに弾ませる3つのフレーズ2

このフレーズは、「教えてください！」あるいは〝ド〟から始まる質問の後に返ってきた相手のリアクションに、さらに返す時に使います。

あなた「ぜひ、そこを教えてください！」

相　手「う～ん、たとえば、普通はラケットをこんな風に打つんだ」
あなた「なるほど……それで？」
相　手「これでもいいんだけど、最初のうちはこう。ボールを前に運ぶように打つと狙ったところに返しやすいね」
あなた「なるほど！　そして？」
相　手「後は、自然にラケットを首に巻きつければいいだけだよ」
あなた「なるほど……それで、初心者でもコツがすぐにつかめるということかぁ」
相　手「そうだね」
あなた「なるほど……さっそくチャレンジしてみたいのですが、ラケットはどんなものを選ぶといいですか？」
相　手「そうだなぁ。初めは軽くて、グリップが……」

「なるほど……」といったん受けてから「それで？」「そして？」と繋げる。こうすることで相手に話を促すことができるのです。カンタンですから、ぜひ意識して使ってみてください。最終的な答えが引き出されたと感じたら、例文のように再び〝ド〟から始まる質問を当てていくだけです。

14 2つの褒め言葉を交互に使う

▼会話をさらに弾ませる3つのフレーズ3

会話を弾ませるフレーズとして外せないのが褒め言葉です。どんな人でも褒められれば嫌な気はしません。上手に使うことで相手はどんどん気持ちよくなり、あなたに対して口がなめらかになっていきます。

ただ、その効果をわかっていながらもなかなか褒められない人もいるでしょう。「お世辞に聞こえてしまうのではないか」という不安が、ブレーキをかけているのではないでしょうか？

心を込めて褒めた言葉なら、そんな心配をする必要はないはずですが、それでも気になってしまうものですよね。そこで、そんなあなたでも簡単にできる褒め言葉をご紹介しましょう。

ズバリ、次の2つです。

「スゴい！」

「素晴らしい！」

アメリカのテレビ業界用語に「サウンドバイト」というのがありますが、この短い2つの褒め言葉がまさにそれで、たとえ数秒のひと言でも印象を強める音感があります。

そのため、要所要所に入れるだけで会話が弾んでいくのです。

相　手「北海道から来ました」

あなた「スゴい！　北海道からですか！　どんなきっかけでこちらに？」

相　手「たまたまホームページを見て、イベントがあることを知って……」

あなた「素晴らしい！　ホームページでねぇ……どうでした？　今日は収穫ありそうです？」

相　手「もう、ありありですね」

あなた「スゴい！　ありありですか！」

もちろん、「スゴい！」よりも「北海道からですか！　いゃあ、真の勉強家ですね！」と具体的に褒めたほうが、リアリティが増します。会話のリズムも微妙に違ってくるでしょう。

しかし、そういう状況に合わせた褒め言葉がスッと出てこなくて、結局言えないことのほうが多いのであれば、迷わず「スゴい！」「素晴らしい！」を使ってください。短いがゆえに、心からそう思っているからこそ、つい出てしまったというニュアンスまで相手に伝わります。

褒め慣れていない人にとっては、この短い言葉でさえ最初はスムーズに出てこないかもしれません。それでも毎日、少しずつ意識していけば必ず反射的に出てくるようになります。そして、それが口癖になった時、あなたは社交人見知りにバージョンアップしているのです。

たとえ、いとこの結婚相手の親族（つまり、ほとんど知らない人）と会食する時でも、あなたは社交的な〝フリ〟をして、その場を切り抜けることができるでしょう。

性格を変える必要はありません。社交的に振る舞う人の行動をただ真似るだけでいいのです。

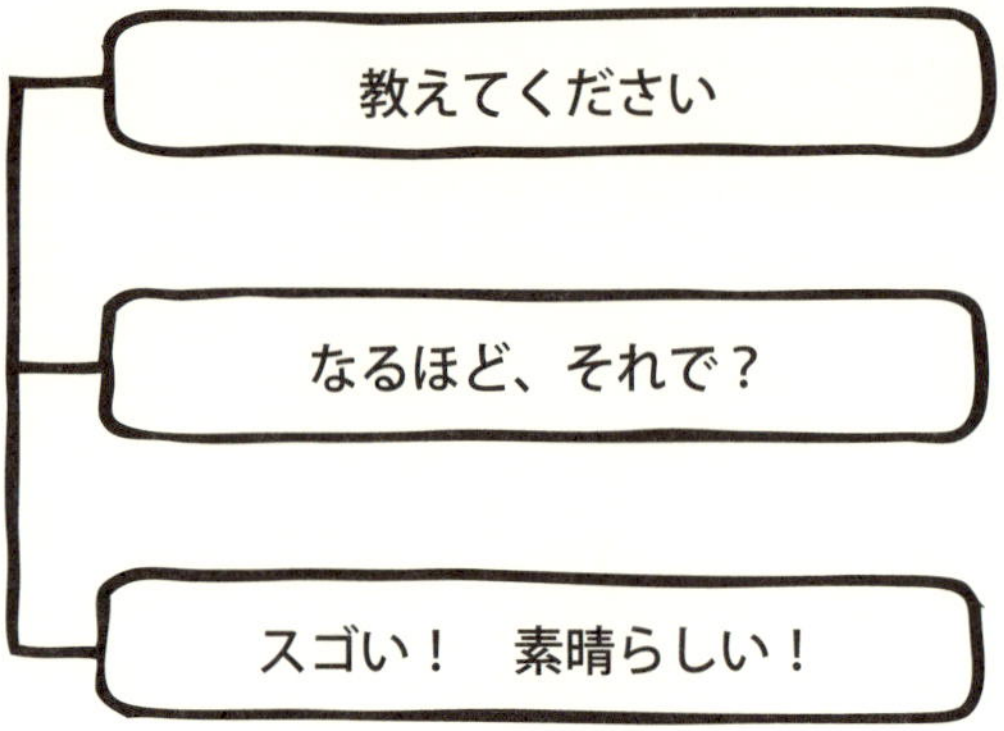
教えてください
なるほど、それで？
スゴい！　素晴らしい！

これで、人見知りにさようなら！

「カリスマ型人見知り」を目指す！

- ◉「カリスマ型」になれば、人見知りの悩みは消える
- ◉カリスマになるための毎日の習慣を続ける

↑

場面別人見知り対処法でどんな状況も乗り切る！

- ◉新しい職場で働く時、営業の初回訪問のコツ
- ◉合コン・パーティー・飲み会に参加するときのコツ

↑

行動・話し方を変えて「社交人見知り」にバージョンアップ！

- ◉社交的な行動を真似れば、社交的な人に見える
- ◉表情・仕草・話し方をちょっと変えてみる

↑

「ハイブリット人見知り緩和法」で人見知りを目立たなくする！

- ◉「好奇心」に火をつけ、自意識レベルを下げる
- ◉体を動かして、「表現心」を取り戻す

↑

人見知りのメリット・デメリット、基本を押さえる！

- ◉人見知りは特別なことではない
- ◉人見知りしてしまう理由、自分のタイプを知る

4章

これで安心！
場面別人見知り対処法

ここからは場面別の人見知り対処法をご紹介します。

社交人見知りにバージョンアップしていれば、難なくクリアできるものばかりですが、知っているとさらに役立つコツや考え方を交えています。特定の場面に分けているとはいえ、読んでいくうちにすべての場面で応用できるノウハウだと気がつくでしょう。最初はどれかひとつでも構いません、あなたに当てはまりそうなものから、試してみてください。

1 新しい職場やバイト先で働く時

人見知りをしてしまう人にとって、新しい環境の人間関係ほど悩むものはありませんよね。せっかく仕事を始めても、その輪に上手く溶け込めなくて職を転々としたり、短期のバイトばかりしたりというあなたは、次の3点を意識してください。

①自分から挨拶する

1章で述べたように、誰でも初対面なら、相手に対して不安感を持ちます。緊張するのはあなただけではありません。たとえ、相手が社交的な人でも同じようにドキドキしているのです。

そこで、ファーストコンタクトではあなたの印象をよくするというよりも、むしろ、**相手の不安を取り除いてあげる**ことのほうが大切です。

人は本来、誰とでも仲よくやっていきたいと願っているものでしょう。会っていきなり戦おうとするのは、トラやクマなどの動物だけです。それなのに、ファーストコンタクトで上手くいかないのは、その願いを邪魔する何かがあるからです。その何かとは、あなたが相手に感じているものと同じ「この人ってどんな人だろう?」という不安感以外の何ものでもありません。それさえ取り除くことができれば、たとえ話しベタであっても気持ちを通わすことができるのです。

ポイントは最初の行動です。自分から挨拶をすることで、「私は社会人としての礼儀やマナーをわきまえた人間です」と即座にアピールできます。

しかし、こんな当たり前のことでも、挨拶しようかどうしようかと悩んでいるうちに、あっという間に2秒、3秒と時間が経ち、その間がさらに相手を不安にさせます。しかも、相手の不安がこちらに返ってきて、自分がさらに不安になるという悪循環になりかねません。ここは何としても、自分から挨拶をする姿勢が必要なのです。

「はじめまして、○○です。今日からお世話になります。よろしくお願いします」

わずか5秒。先手必勝を忘れないでください。

②愛する対象を思い浮かべる

自分から挨拶はできた。でも、その時の表情が無愛想だったり、にらみつけたり、視線を合わせないでいたりすると、第一印象が悪くなります。

あなたにも経験があるでしょう。「ありがとう」といわれても何だかその思いが伝わってこない。それどころか、腹立たしくさえ感じてしまう。

それは、言葉と行動が一致していないからです。人は、そういう時に言葉よりも行動で相手を判断します。

せっかく勇気を出して「はじめまして」と声をかけても、いつもの無表情なままでは逆に悪い印象を与えてしまうのです。あなたにはそんな気がなくても、「社交辞令でいっているんだな」と思われてしまう――これこそ人見知りが誤解されやすい原因のひとつなのですが、だからといって、このままでいいわけがありません。

先ほども述べた通り、相手も最初は不安です。その不安を取り除いてあげる思いやりこそ、初対面では必要なのです。

具体的には、自然な笑顔を心がけてください。笑顔で接すれば、言葉と行動も一致します。警戒心を解くだけでなくあなたに親近感を抱くようになるでしょう。

笑顔のつくり方はすでに83ページでご紹介しましたが、ここではもうひとつ、私がナレーション原稿を読む時に使っているテクニックをご紹介します。

たとえば、旭山動物園を紹介するナレーションでは、娘の顔を思い浮かべながら吹き込みます。ただ文字から感情を読み取ってナレーションするのではなく、愛する対象を思い浮べながら声に出すのです。

すると、あたたかさの伝わり方がまるで違ってくる。口元だけでなく目元まで自然な笑顔になるので、その微妙な差が声の表情にものっかってくるのです。

ペットでもいい、妹や弟でもいい、あるいは、旅行先で心を打たれた風景でも構いません。何かひとつ、それをイメージしただけであたたかい気持ちになれるものを挨拶する時に思い浮かべてください。たったこれだけで、あなたはより自然な笑顔を手にすることができます。

どんなテクニックを使おうとも、自分の印象をよくしようという自意識ではなく、相手の不安感を少しでも和らげたいという思いやりが源泉にあれば、その笑顔は本物です。

③相談をする

116ページでもご紹介しましたが、心を開くきっかけとして、「相談すること」ほどふさわしいものはありません。

休憩中もつい寝たフリをしてしまうというあなたは、たとえ小さなことでも仕事に関することを相談してください。初めての職場なら、わからないことがあって当然です。そこを素直に聞いてみるのです。

中には、見るからに冷たそうな先輩もいるでしょう。「こんなことを聞いたら

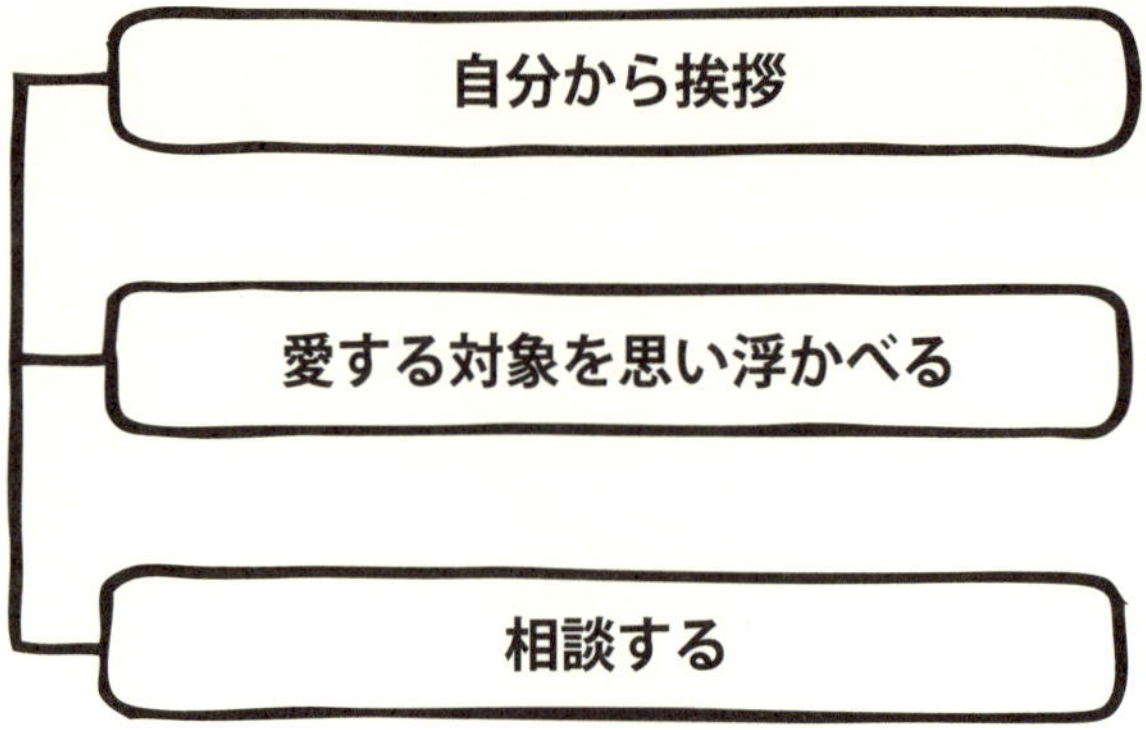

嫌がられないか」と心配する気持ちもわかります。しかし、どんな無愛想な人でも、面倒くさがりやの人でもどこか人に頼られたいという思いを持っているものです。

新しい環境に溶け込んでいくコツは、そのような相談を通じて自分をわかってもらい、信頼関係を築いていくことにあります。

ささいなことでも聞けるのは働き始めの今だけなので、このチャンスを逃さないでください。余程忙しそうにしている時でなければ、あなたの気持ちに答えてくれるはずです。

笑顔で「ありがとうございます！」も忘れずに！

2 営業で初めて訪問する時

私が新入社員だった頃は、まだバブル経済がはじける前でした。社内の人員体制にも余裕があり、よく先輩と同行セールスをしたものです。ところが今では、入社してそうそうに、担当者名と住所を記したメモだけ渡されて、いきなり一人で営業させられることも少なくありません。当然、人見知りにとっては悩みの種となります。

仕事という明確な目的がある分、プライベートな場面に比べれば、何とか話そうとする意欲はあるでしょう。

でも、いざ、訪問先の前に立つと、なかなか一歩を踏み出せなかったり、担当者に会ったとたん、いつものぎこちない雰囲気が出てしまったりするあなたは、次の2つのポイントを抑えてください。

①可能なイメージに変える

そもそも、人に会うことすらできないのであれば、とっくに営業の仕事を辞めているはずです。そこまで対人恐怖症なわけじゃない。ただ、訪問する前から、あなたの頭の中は、「断られたらどうしよう」「嫌われたらどうしよう」「苦手なタイプだったらどうしよう」という**ネガティブなイメージで一杯なだけ**なのです。

そのイメージのまま訪問すれば、足も口も動かなくなるのは当然でしょう。大切なのは、可能なイメージにできる限りチェンジすること。

「資料を置いていく（ことならできる！）」「名刺を渡す（だけならできる！）」など、**自分が絶対にできる目標をイメージしてから訪問する**ことです。

②自分がコントロールできないことは消去する

可能なイメージに変えることができたら、今度は、自分だけではどうしようもないこと、結果は相手次第というものをすべて、頭の中から消去します。

以前、首位打者争いをしていた大リーガーのイチロー選手に「相手は4打数三安打、その差は2厘と迫っています。どうです？」と質問をした記者がいました。それに対してイチロー選手はこう答えたのです。

「相手の打率をボクがコントロールできますか？　自分がコントロールできないものを考えても仕方がない。コメントのしようがありません」と。

つまり、「明日も3本打つかもしれない」「抜かれたらどうしよう」「凡打で終らないかな」と**考えるだけ無駄**だということです。

営業で初めて訪問する時も一緒です。訪問する前から「相手から断られるかもしれない」「嫌われたらどうしよう」「苦手なタイプだったら」と悩んでみたところで、結果をコントロールできるはずもありません。

イチロー選手のように、**自分がコントロールできないものは最初から考えず、自分ができることだけに意識を向けてください**。その上で社交人見知りに変身すれば、たとえ飛び込み営業であろうと話せるようになります。

3 合コンやパーティーなどに参加する時

どんなきっかけで参加するにせよ、大勢の人が集まるパーティーほどハードル高く感じられるものはないでしょう。特に異性がたくさんいる会ならなおさらです。

職場や学校と違って、その多くは短期決戦型ばかり。2時間前後で対人関係の進展を求められることがほとんどです。そんな中で積極的に声をかけようにもかけられない。目を合わせるのも恥ずかしい。意味もなく携帯電話のメールチェックをしたり、ひたすら料理を口にしたりする。

これでは、せっかく勇気を振り絞って参加してみても、浮いてしまった自分にただ落ち込んでしまうだけではないでしょうか。

一人の人と話すのでさえ努力が必要なあなたなら、合コンやパーティーは、まさに針のむしろとなるでしょう。そんな状況から早く抜け出すためにもぜひ、次の5つのポイントを押さえてください。

①相手の鼻を見る

コミュニケーションの基本は相手の目を見て話すことですが、その視線ほどプレッシャーを感じるものはありません。そこで、まともに目を合わせられない時に限って、相手の鼻を見るようにします。

以前、テレビでリポーターをしていた時、私はカメラをまっすぐに見ることができませんでした。あの無機質な黒い枠の中に視線を向けると、どうしても不自然な表情になってしまうのです。

それに気づいたディレクターが「真ん中じゃなくて、カメラの下の部分を見て！」とアドバイスをくれたことがあります。その通りにしたら、今までのぎこちなさがウソのように自然にリポートできるようになりました。

しかも、下を見ていたにもかかわらず、実際に放送された映像をチェックすると、しっかりカメラの正面を向いて映っているのです。少しくらい下を見ても、相手には前を向いているとしか映りません。

回転寿司のように次から次へと話し相手が変わるパーティーなどでは、恥ずかしくてパッと目を合わせられない時もあるでしょう。そんな時は、相手の鼻、もしくは口元を見て話すのがコツです。

②話しかけてもいいオーラを出す

目立ちたがり型人見知りのタイプに代表されるように、自分から話すのは嫌だけど、逆に話しかけられればその場を楽しむことができる、という人もいるでしょう。

その思いに反して、なかなか声がかからないとしたら、知らず知らずのうちに、あなたが「話しかけにくいオーラ」を出しているのが原因です。

笑顔を忘れてムスッとした表情になっていないか、今すぐ鏡を見てください。四六時中ニコニコできなくても、口の両端だけは意識して少し上げておくのです。

元々私たち日本人には、徐々に仲よくなろうとする気質があります。結果をあせってはいけません。誰とでもすぐに打ち解けると言われるイタリア人気質とは違います。気が合うとわかってから、少しずつ心を開いていくので、5分、10分、笑顔でいたからといって、上手くいくとは限らないのです。

30分経っても何も変わらず一人ぼっちのままという時もあるでしょう。それでも決して目をつぶったり、一人で携帯電話をいじったりしないことが大切です。

③同じ趣味の人を見つける

パーティーではたくさんの人と話すチャンスがあります。

しかし、生来の人見知り気質が邪魔をして、そのほとんどが名刺交換だけで終わってしまうのであれば、目的を持って参加するとよいでしょう。具体的にいえば、「同じ趣味の人探し」をします。

あなたの趣味がアロマテラピーだとしたら、初対面の人に声をかける、あるいは声をかけられた時に「3年前からアロマオイルに凝っています」と少しだけ自分のことを話すのです。最初から詳しく話す必要はありません。

ここで相手から「私もアロマコーディネーターの資格を取るために習っているんです！」「最近、寝つきが悪くてアロマに興味があるんですよね」とリアクションがくれば、しめたもの。後は放っておいてもアロマの話題で自然に会話が弾んでいきます。仮に同じ趣味でなくても「花粉症に効くアロマオイルはありますか？」と聞かれて、そこからどんどん話が盛り上がっていくこともあります。

最初に詳しく紹介していないからこそ、そういった質問を誘えるのです。

いずれにせよ、自分が夢中になっている趣味のことなら話しやすいものです。得意な土俵に相手を引き込めるかどうかを見極めることも、短期決戦型のパーティーでは重要なポイントです。

ハイブリッド人見知り緩和法でやったようにゲーム化して、とことん同じ趣味の人を探してみてください。

④相手の中にメリットを見つける

積極的に自分から声をかけられないのは、「そこまでするメリットがないから」ともいえます。相手が、たったひと言でも話したいと思っていた憧れの芸能人だったらどうでしょう。あるいは、目の前の人と話すことで無実の罪が晴れるとしたら……。

極端な例ですが、ためらうことなく行動に移せるはずです。

会話に自信が持てないオドオド型人見知りであっても、その恥ずかしさや苦手意識を超えるメリットさえ相手の中に見つけられれば、話せないことはありません。

もちろん、そのような後ろから突き動かされるくらいのメリットを持っている人に、簡単には出逢えないのも事実です。大切なのは、そのメリットをどうやって探すかではなく、相手に、ただ純粋に興味を持とうとすることです（51ページ参照）。

パーティー中、人見知りならではの孤独感に押しつぶされそうになっても、その心の持ちようだけは崩さないでください。

意識が外側へ向かうと、人からどう思われているかという自意識過剰な面からも開放されます。メリット探しは、そのためのきっかけに過ぎません。

⑤子どもの頃の話をする

以前、何かの雑誌に「半ズボンをはいていた頃の写真を彼女に見せると、急速に距離が縮まる」と書いてありました。半信半疑でしたが、実際に昔のアルバムを引っ張り出してみると、意外にも好反応だったのです。その頃見ていたテレビの話や遊んでいたもの、いたずらした思い出など、話はつきることなく1時間が10分間に感じられるほどでした。

これと同じことをパーティーで出会った人とできると、打ち解けやすくなります。

とはいえ、毎回アルバムを持ち歩くわけにもいきません。携帯電話に昔の写真を保存しておく方法もありますが、逆に不自然と思われるかもしれない。あくまでも自然な形で昔の話へ誘導するほうが話しやすいですね。

たとえば、相手の仕事がオーディオメーカーの営業マンだとわかったら……。

あなた「いつごろから今の仕事をされているんですか？」

相　手「大学卒業してすぐだから、かれこれ20年になるかなぁ」

あなた「20年！　それじゃ、もうベテランですね。オーディオメーカーで仕事をしようと思ったきっかけは？」

相　手「昔から音楽が大好きで、就職活動中はレコード会社が第一志望だったんだけど、結局落ちちゃって……第二志望の音響メーカーに入ったってのが正直なとこかな」

あなた「なるほど、そうだったんですか。ボクも第一志望には入れなかったなぁ。たとえば高校生の頃はどんな音楽を？」

相　手「もうハードロックオンリー！　モトリー・クルーとか、オジー・オズボーンとか」

あなた「あ、それ実家に帰ればテープありますよ！　ナイト・レンジャーなんかどうです？」

相　手「聴いてたよ！　懐かしいね。今でもYOUTUBEで探しちゃう」

あなた「ハハハ。そうですか。となると中学生の頃はジャーニーですか？」

相　手「よくわかるね！　でも松田聖子も聴いてたよ♪」

こんな風に、質問によって徐々に時代をさかのぼっていくのです。例文では「音楽」がキーワードとなりましたが、「これから二人でタイムマシンに乗り込むぞ！」というイメージを共有できるものであれば何でも構いません。

実は、時代をさかのぼる質問自体が**「私とあなたは時間旅行をするほど親しい仲なのです」というメッセージ**になっているのです。もちろん、意識でははっきりとわからないでしょう。なんとなく感じるものなので、相手の心の奥底にある潜在意識に働きかけるメッセージとなっているのです。その潜在意識が私達の行動に大きな影響を与えていることは、あなたも幾度となく聞いたことがありますよね。

子どもの頃の話をすると、打ち解けやすくなる理由はここにあります。

- 相手の鼻を見る
- “話しかけてもいいオーラ”を出す
- 同じ趣味の人を見つける
- 相手の中にメリットを見つける
- 子どもの頃の話をする

4 仕事でおつき合いしている人と飲む時

ビジネスマンであれば、仕事でお世話になっているお客さんや取引先から飲みに誘われることも多いはずです。何度か話したことのある相手との1対1であれば、それほど苦にはなりませんが、「明日、異業種交流会があるので、ぜひ、麻生さんもいらしてください。私の友人で○○会社の○○さんと歯科医師の○○さんも一緒に誘いましたから」と、いわれた時には注意が必要です。

ここで普段通り、素のままひょこひょこ顔を出したら、まず、会話の中に入れずに終ってしまうからです。もちろん、前述の合コンやパーティーで押さえておくべき5つのポイントが実践できていれば、一人ぼっちになることはないでしょう。それなりに、親睦を深めることはできます。しかし、仕事でおつき合いしている人と飲む時は、そもそも仕事の話題を切り口に話が膨らんでいくのが普通です。

いくら「今日は仕事抜きでいきましょう」といわれても、相手の仕事に関する話ができなければビジネスマンではありません。まして、異業種交流会に参加する人のほとんどが、仕事に関して何らかのヒント、もしくは成果を得たくて来ているのです。

であれば、あなたがすべきことは、ただひとつ。**事前の情報収集を怠らないこと**なのです。誘われた時にどんな人が参加するのか、わかる範囲で把握します。そして、たとえば参加者の中に歯科医師がいるとわかったら、〝歯〟に関することはもちろん、その業界の主だったニュース、問題点などを新聞やネットなどで調べておくのです。

その知識や情報が頭にあるだけで、どれだけ飲み会の席が楽になるか、実際にやってみると肌で感じることができるでしょう。気後れすることなく話のきっかけもつくりやすい。何より、相手が喜びます。

私が番組でゲストにインビューをする時は、できる限りその人のことを知ろうと前もっていろいろ調べるのですが、調べた中のほんのひとつだけでもタイミングよく出すと、相手はうれしそうな顔をするのです。

仕事で飲む時も一緒です。できる限り、事前の情報収集をしてください。

『見えない時間で稼ぎなさい！』（フォレスト出版）の著者、野崎美夫さんも、大切なのは「速さ」よりも「早さ」だといいます。その場でテンポよく話せないからこそ、人見知りは誰よりも〝早く〟事前に準備をしておくことが大切なのです。

5 人を紹介された時

前もって、自分の知らない人と顔を合わすことがわかっていれば準備もできますが、突然、人を紹介された時にはそんな余裕はありませんよね。

いきなりの展開に「うわぁ、どうしよう……」「まじめそうだけど、遊び人にも見えるなぁ」「紹介してくれた人は、私にどんなリアクションを期待しているんだろう?」と、あれこれ考えすぎて、その場でとまどってしまうことがほとんどではないでしょうか。

この反応を少しでも抑えるには、あらかじめ定型の自己紹介を用意しておくのと同じように、**その時に備えて行動パターンを決めておく**とよいでしょう。つまり、ここでも事前の準備が大切なポイントとなるのです。

誰かに人を紹介された時の自分の振る舞いの準備です。たとえば、握手をする、名刺を出す、一礼をする、自己紹介をするなど、何でも構いません。その時の行動をルール化しておきます。

よくテレビドラマの中で刑事が「とりあえず、カツ丼でも食べろ」と、取調べ中の容疑者に声をかける場面がありますが、これはカツ丼を食べるという誰でもできる簡単な行動にいったん落とし込むことで、その場の張り詰めた空気を和らげるだけでなく、次のステップにいきやすいようにしているのです。

口に出していなくても「カツ丼を食べれば……（いいやすくなる）」というメッセージが行動の中に隠れています。だから、食べた後に本当のことを話し始めるのです。

同じように、いきなり人を紹介されるなど、ついとまどってしまうような場面では、とにかく、いったん何でもいいので簡単な行動を起こすことです。そして、それを事前に決めておくことで、人見知りを和らげることができます。

第一印象で誤解を招くこともなくなるでしょう。

ちなみに私の場合は、あれこれ考える間もなく握手をすることが多いです。3章でも触れましたが、まずは握手をする、そうすれば、初対面の相手でも難なく会話することができますよ！

6 自分と同じ人見知りと話したい時

頭では自分から話さなきゃいけないとわかっていても、初対面の人を目の前にすると「向こうから声をかけてくれないかな」「気に入ってくれないかな」と願ってしまうものです。では、気になった人、話しかけたいと思った人、好きになった人が人見知りだった場合、どうすればいいでしょうか?

一方がきっかけをつくらなければ、永遠に心が通い合うことはありません。あなたが感じていることは相手も同じように感じています。となれば、答えは簡単。やるしかないでしょう。

あなたが望んでいることを今すぐ相手にしてあげるのです。

挨拶してほしいなぁと思ったら、「おはよう！」でも「こんにちは」でも「こんばんは」でもいい。とにかく声をかけてみる。仮にそれが無理でも、ニコっとしてくれるだけでうれしいのなら、目があった時に微笑んでみる。

そうやって自らきっかけをつくって、最終的にはお互いの共通点探しに持っていきます。

パーティーでひと目惚れをしたのなら、「こう騒がしいのは苦手ですよね……」と人見知りそのものを共通点にしてしまうのも手でしょう。

ここで「私もそうなんです」と「心理的ＹＥＳ」がとれれば、相手は徐々に心を開いてくれます。人は誰でも自分と似ている人には親近感を持つからです。

共通点探しは、性格だけでなく趣味やスポーツ、職業でも何でも構いません。大事なのは相手に興味を向けようとする姿勢そのものです。

ハイブリッド人見知り緩和法でチャレンジしたように、「この人が喜ぶのはどんなことだろう？」と深く相手の魂に意識を寄せてください。あなた自身が人見知りなら、相手の不安や悩みを人一倍理解できるはずです。

共通点探しのポイント

外見（ファッション、持ち物）から探す

出身地や住まい、友人・家族構成から探す

趣味や旅行経験・仕事内容から探す

ものの考え方、価値観から探す

7 接客業の仕事をしなければならない時

本当は一人コツコツできる事務系の仕事がしたいのに、探しても探しても、苦手な接客業しか見つからない。

私が住む北海道旭川市も求人のほとんどが接客を含むサービス業です。もちろん、だからといって働くのをあきらめてしまうわけにはいかないでしょう。

どんな仕事でも、人と接することから避けては通れません。

人見知りを緩和するだけなら、これまでのハイブリッド人見知り緩和法、社交人見知りへのバージョンアップが有効です。

しかし他にも「すでにでき上がっている人間関係の中に上手く入っていけるか

どうか……」という不安がある場合には、次の条件を選ぶと気持ちがぐっとラクになります。

①キオスク、コンビニ系にする

多くの従業員が働くスーパーに比べ、キオスクやコンビニなら人間関係が複雑になりにくいです。レジでのやりとりなら、一人一人のお客様と接触する時間も短くなります。百貨店のように、じっくり説明する機会があまりないため、特に初めて働く方にはおすすめです。レジ打ち以外は品出し作業が意外に多く、コツコツ仕事が好きな人見知りにはぴったりな接客業です。

②オープニングスタッフになる

求人情報の中には「新規開店のため、スタッフ募集！」といった、まったくのゼロからの始まりとなる職場があります。ここを逃す手はありません。

なぜなら、周りのスタッフもあなたと同じスタートラインに立つからです。つまり、人間関係も一緒になってゼロから築いていくことができるのです。

すでに営業しているお店よりも輪の中に入りやすいので、人見知りにはおすすめです。もちろん、仕組みができて落ち着くまでは仕事はキツいでしょうが、その分、苦楽を共にした戦友として深い友情を育むこともできます。

8 席替えやクラス替えなどで親友と離れてしまった時

あなたが学生なら、席替えやクラス替えは重要なイベントでしょう。

社会に出ればたくさんのコミュニティがあります。仮にひとつがだめだったとしても、他に居場所はいくらでも見つかるものですが、学生のあなたにとって学校の存在感は大きいものですよね。一緒に過ごせる友達がいないと、精神的に押しつぶされてしまう気持ちはよくわかります。

好きな人が近くなった、あるいは遠くなったなど、恋愛に関して一喜一憂するならまだしも、やっと話せるようになった数少ない親友と離れてしまうことになれば、夜も眠れないかもしれません。

「新しい環境で、また友達ができるだろうか」

「なじむまでに1年かかるのに、その頃には卒業じゃないか」

そんな不安から抜け出すためには、社交人見知りにバージョンアップするのが一番の近道です。話しかけられないと答えられない自分から、必要とあれば自ら話しかけることもできるし、積極的に答えることもできる社交人見知りに変身するのです。

いざとなると、引っ込み思案な性格が出てきて、ただ実行に移せないだけでしょう。「面白くなさそう」「暗そう」と思われやしないかと、自分の印象が気になるのも邪魔をしています。

①不安は思い込みに過ぎないと知る

あなたのことを「どんな人？」と聞かれれば、周りは色々いうかもしれない。しかし、それは一時的であって、四六時中、あなたのことを考えているわけではありません。

カラオケで歌を歌っても誰も聴いていないのと一緒です。よっぽどあなたが目立つ存在でない限り、意識されることなどないのです。他人なんてそんなものです。そう思えば、ひと言ひと言、気にするだけ損でしょう。今までの不安が単なる思い込みだったことにも気づきます。

大切なのは自分で自分を決めつけないことです。誰だって初対面は緊張します。自分を受け入れてもらえるか不安になります。でも、それは相手だって同じなのです。

だからこそ、新しいクラスで最初にするアクションは、たったひとつしかありません。隣の人、もしくは一番話しやすそうな人に笑顔で自己紹介することです。友達をつくる一歩は今も昔も変わらないのです。

②出身地の話で盛り上がる

幼稚園から高校までエスカレーター式の一貫教育を受けてきた場合、大学生活で初めて友達づくりの努力をする人もいます。最初は何を話せばいいのかで悩むでしょう。でも心配はいりません。大学は中学、高校と違ってさまざまな地域から人が集まってきています。そこを素直に話題にしてください。


「私は北海道から来たんだけど、あなたは？」

「ボクは沖縄」

「えっ、沖縄！　まだ一度も行ったことないなぁ。沖縄の人ってあのカラフルな熱帯魚を食べるってホント？」

「ボクはあんまり食べないけど、町のスーパーで普通に売っているよ」

「ホントなんだ！」

「それより、北海道って冬はマイナス30度以下になるってホントなの？」

このように出身地を話のきっかけにすると、会話が弾みやすくなります。お国自慢を通じてお互いの生まれ故郷に興味を示すことで、今までの人生そのものを認め合うことになるからです。初対面でも心の距離がグッと縮まる人見知り対処法なので、ぜひ、実際に体感してみてください。

9 気が強そうな人やギャグを求めてくる人に話しかけられた時

仲のいい友達や家族とは普通に話せても、押しの強い上司や笑いを強要する同僚とは話しにくいものです。何かいえば、それを否定されたり、期待外れだといわれたりしそうで、つい気が引けてしまう。

本来は性格も態度も価値観も人と違って当然なのに、自分もそうしなきゃと相手に合わせてしまうのです。これでは神経をすりへらすだけでしょう。結局最後は、黙っていたほうがうまくいくと思い込むことになりかねません。

そんなあなたのための簡単な対処法を２つご紹介します。

①普段やらないポーズをとる

夢の中で、天井から寝ている自分を見たことはないでしょうか。おそらくその時の感覚は、自分のことなのに自分じゃないような、どこか他人事のように映ったはずです。

気が強そうな人と話す時には、同じように自分を俯瞰する、客観視できる状態をつくると気持ちがラクになります。

具体的には、まず、いつもと違うポーズをとってください。

腕を組まない人は腕を組む。右利きの人は左手にペンを持つなど、普段なら１００%やらないポーズをとるのです。すると、その行動自体が暗示となって、別のキャラクターがあなたの中に現われます。

普段のあなたではないあなたになれば、目の前の状況を第三者的に捉えることができるため、会話の中でギャグを求められようが、無理難題を押しつけられようが、**相手に振り回されなくなる**のです。

②〇（マル）をイメージする

どんなに気が強くても、その相手が3歳児だったら憂鬱にはならないですよね。自分の娘に、たとえば「そうじゃない」と否定されたところで、多少がっかりすることはあっても、気が引けたり、自尊心を失ったりするまでに至らないのは、愛情を持って接しているからです。

人はそのような気持ちになっている時、相対的に心も体も大きく感じています。その状態を押しの強い上司の前でもつくり出せれば、自分を見失うことはありません。

もちろん、好きでもない相手に愛情を抱くのは大変なことです。まともに努力したら、かえって神経をすりへらしてしまうでしょう。

そこで、おすすめしたいのが○（マル）をイメージする方法です。シャボン玉でも、サッカーボールでも、地球でも、あるいはテストでもらった花マルでも何でも構いません。

とにかく頭の中にまあるいものを思い浮かべます。

すると、徐々に心穏やかになっていって、愛情を注いでいる時と同じ状態が得られるのです。その証拠に鏡を覗いてみると、あなたの顔までも☺〝まる〟になっていることに気づくでしょう。

笑顔でいられるということは、すでに相手を包み込むほど心も体も大きくなったということです。米粒ほどのアリを見ても怖くないように、自分が大きくなれば、苦手意識は消えてなくなります。ぜひ、試してみてください。

普段やらないポーズ

マルをイメージ

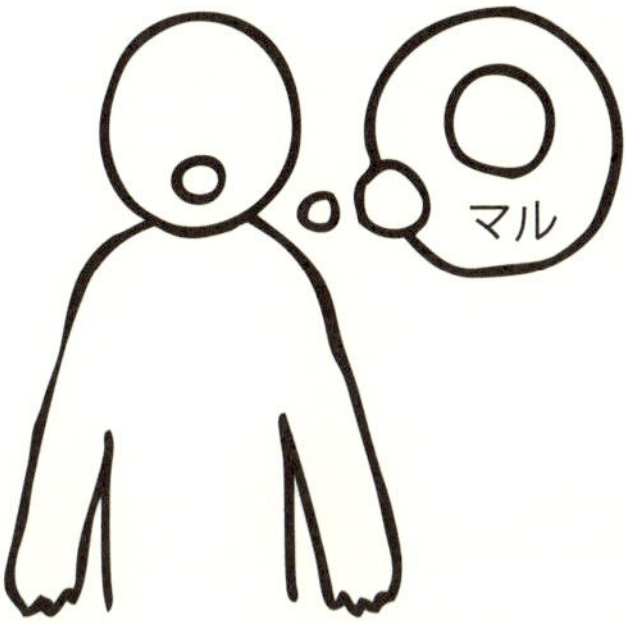

10 ５人以上の集まりになると人見知りしてしまう時

１対１なら相手はあなたの話を聞いてくれますが、５人以上になると、そうとも限りません。変なことをしゃべって仲間はずれにされたらどうしようというプレッシャーから人見知りすることさえあります。

これを防ぐには、心の中にひとつ「自信のあるもの」をセットすることです。

５人以上の集まりで、しかも、弁護士や医者、都会の一等地に住む会社経営者など、社会的地位も収入も高い人たちと話をする時は、より強いプレッシャーを感じますよね。そんな時は、たとえば「**自分にはうれしいことも悲しいことももとに分かち合える素晴らしい仲間がいる**」と思うのです。

サッカーが得意であれば、サッカープレイヤーの心持ちで会話の中に入ります。すると、徐々にその自信が仕草や表情に表われてきて、相手を避けようとする意識がなくなってくるのです。

野球選手のイチローがテニスで錦織圭選手に負けたとしても、自信を失うことはないでしょう。心のどこかにひとつ拠り所を見つけていれば、周りに影響されない自分自身をつくることができます。

こういうと、そんな源泉なんて見つからないという人がいますが、本当にそうでしょうか？　相手と同じ土俵で探すから見つからないだけで、映画に詳しかったり、節約術に秀でていたり、誰よりも赤色が似合ったり、視点を変えればひとつや2つ必ず見つかるはずです。

どんな小さなものでも構いません。人見知りの殻を破るには、何かひとつ自信に繋がる拠り所を探すことです。

1対1なら大丈夫だが…

5人以上になると人見知りしてしまう

11 めったに会わない親戚と会食しなければならない時

結婚式やお葬式、あるいは法事などに行くと、今日が初対面という親戚が多いものです。そのたびに挨拶をしたり、食事の時に雑談をしたりするのは、人見知りにとって一番しんどい場面でしょう。

話そうと思えば思うほど緊張するし、やっとの思いで話せたとしても、会話がちぐはぐになってしまう。自分の空回りぶりにひどく落ち込んで後悔することの多いあなたは、最初から無理をしないことです。**一問一答**だけを心がけてください。

相　手「あれ、どこの子だっけ？」
あなた「ボクの母は西川さか枝です」
相　手「あら、そう！　さか枝の子なのネ。おばさん、わかる？」
あなた「ん～、ごめんなさい……思い出せません」
相　手「そうよね。あなたがこんな小さな時に一緒にお風呂に入ったきりだから！」
あなた「ほんとですか！」
相　手「ハハハ、ほんとよ。もう一回入る？」
あなた「遠慮しておきます」
相　手「あら、いやだ。即答ね」

◉「今この瞬間」という共通点を話題にする

こんな程度の受け答えで十分です。中には、もっとおしゃべり好きなおばさんもいますが、それは話を聞いてほしいからであって、決してあなたに話をしてほしいわけではありません。この場を盛り上げなきゃとか、〝間〟を埋めなきゃとか思うのは、あなたの勝手な思い込みです。まずは普通に受け答えができる社交人見知りにバージョンアップしましょう。

その上で、ここぞという時に「今この瞬間」を話題にすると、会話がさらに続くようになります。

めったに会わない親戚になればなるほど、共通の話題を見つけるのに苦労しますが、今一緒にいるこの瞬間を話題にすれば、それだけで共通点となるからです。

たとえば披露宴に出席している時なら、

「せっかくだから、新郎新婦がキャンドルサービスで来た時にいたずらしましょうよ！　何がいいですかね？」

こういうと、少なくとも新郎新婦がくるまでの間、お互いが共通の話題で盛り上がります。他にも

「このエビチリ、プリプリしておいしいですよ。なんか今日の料理、期待できそうじゃないですか」

「私もこんな風に祝ってもらいたいなぁ」

“今”を話題にする例

あそこに座っている義兄の娘さん、
大きくなりましたね

花束贈呈で新婦が泣くかどうか、
かけましょう！

新婦は新郎のどこに惚れたんでしょうね

お二人にいいたいこと、何かありますか？

今と昔じゃ、
結婚式の内容も変わりましたよね

と、あくまでも〝今〟この瞬間を話題にするのです。無理やり共通点を探す必要がなく、今日が初めてという親戚でも、いつの間にか親しくなれます。

12 旅行先で出逢った人と現地で行動をともにしなければならない時

旅先でオプショナルツアーに申し込むと、送迎車が各ホテルをぐるぐるまわって、他の参加者と相乗りになることがほとんどです。目的地に到着するまでの間はもちろん、内容によってはツアー中、ずっと一緒に過ごさなければなりません。たとえ旅先であっても大胆な行動がとれないオドオド型人見知りタイプには、悩みの種でしょう。

見知らぬ人にシャッターボタンを頼むのさえ躊躇してしまうあなたは、心の中で次のように思ってください。

「**もう、この人とは生きている間、二度と会えないんだ**」

この偶然の出逢いを、できる限り貴重なものとして捉えるのです。

「次に会えるのは、何回生まれ変わった時だろう……」と切なさを感じるほど相手に気持ちを向けたとたん、人見知りが緩和されます。

一期一会というステキな言葉があるように、人と会う時には、その機会そのものを奇跡だと感じてみてください。それだけで、送迎バスの中でも写真をとる時でも、まるで背中を押されたかのように自分から話せるようになります。

13 通勤、通学途中で、あまり話したことのない知り合いに声をかけられた時

私もそうですが、こういう時ほど一瞬ドキッとして、気の利いた挨拶なり言葉なりがパッと出てこないのです。

それが嫌で、たとえば、散歩している最中に向こうから犬を連れたご近所さんが見えてきたら、つい脇道にそれようとします。気づかれれば、一巻の終わりです。十中八九話しかけられて、しばらくは苦痛に耐えなくてなりません。

もちろん、これは勝手な想像であって、いつもそうなるわけではないことはわかっています。

相手にだって忙しい時があるでしょう。しかし、それでも声をかけてくる時が

あるのです。社交辞令なのか、それともほんの1、2分の雑談を楽しみたいだけなのか、いずれにせよ、人見知りにとって目的のない会話ほど辛いものはありません。

すれ違いざまなら、長くても1分。でも反対に同じ行き先のバス停や地下鉄の車内、駅に向かう途中で声をかけられたら、それ以上の覚悟が必要になります。

社交人見知りになってとことんつき合うのも手ですが、それと同時に**いつでも話をやめられる大義名分**を持っておくと安心です。

相　手「最近、仕事の調子はどうですか？」
あなた「いゃあ～、不景気で大変です。来週は仕事上の試験もあるので、通勤中に勉強するしかないですね」（といいながら片耳にイヤホンを入れる）
相　手「そうですか。ぜひ頑張ってください」
あなた「ありがとうございます」

ここでの大義名分は「試験勉強」です。そんなに親しくない間柄であれば、私の経験上、90％以上の確率で会話が終了します。他にもわざとセキをして「風邪がなかなか治らないんです」と体調の悪さを大義名分にする方法もあります。

ただし、声をかけられてすぐにいうと印象が悪くなるので、最低限の挨拶は必要です。顔と名前が瞬時に思い出せるような相手であれば、「おはようございます」の後に「今日はジメジメした雨ですね」「歩くだけで汗ばむようになりましたね」と天候や季節の話題を加えるといいでしょう。

その後は社交人見知りになって「聞き役に徹する」「大義名分を出す」のいずれかを選んでください。

14 あまり打ち解けていない取引先の人とばったり顔をあわせた時

先ほどは、簡単な挨拶や大義名分だけで切り抜ける方法をお伝えしました。しかし、それでは、後々、後悔してしまうケースだってあるでしょう。

たとえば、仕事上でおつき合いしている担当者の上司とバッタリ、街で顔を合わせてしまった時などです。大事な商談にしか出てこないので、訪問してもめったに会うことはありません。とはいえ、お互い、どこの誰なのかはわかっている。こういう中途半端な、しかも後ろにビジネスが絡んでいる関係が、一番対応に困るのです。相手が課長さんや部長さんなら、まず、「いつもお世話になっております」と自分からひと声かけるのは当然ですが、その後のリアクション次第で、次のように振る舞うことが大切です。

①「ああ、どうも」とそっけなく返された時

相手も人見知り、もしくは、特別話すほどでもないと感じている可能性があるでしょう。もちろん、だからといって、その空気に呑み込まれてはいけません。「そっけない返事だったから、これで終わりでいいや」とやり過ごしてしまうと、

後で後悔することになります。手紙でもメールでも、そのやりとりが自分で終るのか、相手からの返事をもって終るのかで、受ける印象はだいぶ違いますよね。それと同じです。

たとえ、相手がクールな態度をとっていても、あなたのリアクションで終らなければ、印象が悪くなってしまうのです。次の大事な商談の成否を左右しかねません。「そんなささいなことがきっかけで」と思うかもしれませんが、めったに顔を合わせないからこそ、その時のイメージを引きずってしまうものなのです。

理想は「来週、年末商戦の企画の件で、○○さんにお声掛けいただいています」と、担当者レベルでのやりとりを短くまとめて返すことです。普通なら、ちょっとでも会話をつなげようと質問をするところですが、ここは素直に相手の気持ちを察してください。

そっけない返事に対しては、積極的に仕掛けるのではなく、かといって、そこでピリオドとなってしまうような返事をするのでもなく、あくまでも、相手次第でいかようにでも展開できる含みを持たせて返すのです。

「来週、年末商戦の企画の件で、○○さんにお声掛けいただいています」に対しては「そうですか、よろしく頼みます」とくるかもしれないし、「あ、その件でちょっとお願いがあるなぁ」と、立ち話が続いていく可能性だってある。つまり、この場の行方を相手に委ねるのです。

もっとも大事なポイントは、その結果、話が続いても続かなくても、最後はあなたのリアクションで終らせるということです。

②「おっ、外回り?」「こちらこそ」など、親和的な返事があった時

この場合はいうまでもないでしょう。社交人見知りになって、積極的に会話ラリーを続ける気持ちで接してください。相手から質問がきたり、親和的な返事を受け取ったりした時は、よい印象を残すチャンスです。具体的には、まず笑顔で、そしてお互いの共通する話題で始めます。当然、その中には先ほどと同じように、直近のやりとりを報告するなどの仕事上のことも含まれますが、その場の

リズムやトーンにあっていることが前提です。たとえば、次のような流れはどうでしょう。

あなた「いつもお世話になっております」
部　長「おっ、外回り？」
あなた「はい……。そういえば来週、年末商戦の企画の件で、○○さんにお声掛けいただいています。ありがとうございます！」
部　長「そうか。頼むよ！」
あなた「はい。失礼いたします」

一見、上手くできているように感じますが、相手が親和的に接してくれているから続くのであって、人によっては不快に思うかもしれません。
なぜなら、「おっ、外回り？」という相手のリアクションをしっかりと受け止めていないからです。共通の話題を振ることで頭が一杯になると、**〝今この瞬間〟がおろそかになってしまう**のです。だから、つい「そういえば……」と、自分勝手に流れを変えてしまう。

これでは、目の前の相手を大事にしていないことと一緒です。相手から好意を感じる返事をもらった時は、その**流れに逆らわない**ことを第一に考えてください。

あなた「いつもお世話になっております」
部　長「おっ、外回り？」
あなた「はい！　今日はこの後3件、回らなければならないんですよ」
部　長「そうか、頑張るね」
あなた「ありがとうございます。来週は年末商戦の企画の件で御社に伺う予定ですので、どうぞよろしくお願いします」

このように、きちんと受けてから、あなたが思い浮かべた共通の話題を投げかけることが大切です。もちろん、最後はあなたのリアクションで終ることも忘れずに！

これで、人見知りにさようなら！

「カリスマ型人見知り」を目指す！

◉「カリスマ型」になれば、人見知りの悩みは消える
◉カリスマになるための毎日の習慣を続ける

↑

場面別人見知り対処法でどんな状況も乗り切る！

◉新しい職場で働く時、営業の初回訪問のコツ
◉合コン・パーティー・飲み会に参加するときのコツ

↑

行動・話し方を変えて「社交人見知り」にバージョンアップ！

◉社交的な行動を真似れば、社交的な人に見える
◉表情・仕草・話し方をちょっと変えてみる

↑

「ハイブリット人見知り緩和法」で人見知りを目立たなくする！

◉「好奇心」に火をつけ、自意識レベルを下げる
◉体を動かして、「表現心」を取り戻す

↑

人見知りのメリット・デメリット、基本を押さえる！

◉人見知りは特別なことではない
◉人見知りしてしまう理由、自分のタイプを知る

5章

賢い！ スゴい！ 話してみたい！ と思われる人見知りになる

1 芸能人は社交的？

私は元々あがり症でした。しかも初対面の人とはうまく話せない人見知りでした。ハイブリッド人見知り緩和法を実践し、社交人見知りにバージョンアップしたことで今ではラジオでしゃべる仕事をしていますが、そういった世界に入って気づいたことがあります。

それは意外にも、私と同じように人見知りする人が多いということです。

著名な芸能人でもたくさんいます。すでにご紹介したタモリさんをはじめ、ナインティナインの岡村隆志さんや女優の黒木メイサさん、作詞家の秋元康さんも、自分は人見知りだと雑誌や新聞で告白しています。芸能人なら皆が社交的というわけではないのです。

ところが、現実はどうでしょうか。彼（彼女）らの周りには多くのファンがいます。単にファンというだけなく、一緒に仕事がしたい、時間を過ごしたいという人が大勢います。**どんなに人見知りしようと、愛される仲間や応援者がいっぱいいる**のです。

「それは彼（彼女）らが芸能人だからだよ」とあなたは思うかもしれない。

しかしそれは、結果的にそうなのであって、そもそも、ナインティナインの岡村隆志さんや女優の黒木メイサさんには、人を惹きつける魅力があったのです。

つまり、決して芸能人だから周りにファンがいるのではなくて、たとえ岡村さんがラーメン屋の店長だろうと、黒木さんが普通のＯＬだろうと、放っておいても人が寄ってくるということです。

これこそ、一番あなたに目指してほしい人見知りの姿――「**カリスマ型人見知り**」です。

2 社交人見知りとカリスマ型人見知りを同時に目指す

これまでは、いわゆるテクニックで社交的なフリをして、その場をしのいできました。

相手に気持ちを向ける、お互いの共通点を探す――どれも、自分から能動的に仕掛けて信頼関係を築いていく方法です。仕事やプライベートで困る場面を乗り切るには、これで十分かもしれません。

しかし、そんなことをしなくても、自然体のままで逆に周りから声をかけられたり、憧れられる人になれたら、人見知りそのものを問題として意識することがなくなります。それどころか、**対人関係における悩みのほとんどが消えてなくな**

るでしょう。

あなたはそういう人になりたいと、本当は願っているはずです。

ところが、現実はそんな思いを抑えるかのように周りの価値観に合わせてしまう。どうせなれっこないと最初からあきらめてしまうのは、テクニックでなれる社交人見知りと違って、一朝一夕になれないのが「カリスマ型人見知り」だからです。

カリスマ型人見知りは、自身の魅力を日々磨いていくことでしかなりえません。そこには一夜漬けのテクニックなど存在しないのです。

それでも、目標を常に見失わなければ、誰もが放っておくことができない人見知りになれる日が必ずやってきます。トンネルを掘る時は片側だけでなく両側から掘ったほうが早く開通するように、テクニックで社交人見知りになりつつも、テクニックでは身につけることのできない「カリスマ型人見知り」を目指してこそ、人見知りの不安から早く抜け出せるのです。

ここまで読んでくれたあなたなら、もう気づいたことでしょう。

人見知りに「さよなら！」するとは、今まであなたが抱いていた人見知りのイメージからさよならするということに他ならないのです。「暗い、話しかけにくい、面白くなさそう、何を考えているのかわからない」ではなく、「賢い、スゴい、話してみたい、その存在に触れてみたい」と思わせる。あなたの人間力そのものをＵＰさせることと一緒なのです。

わざわざ社交的な性格に生まれ変わる必要などありません。すでに持っている魅力をそのまま磨き続けるだけでいい。そうすれば、あなたがどんなに人見知りしようとも人が集まってきます。

そんなカリスマ型人見知りになるための習慣をこれからご紹介しましょう。テクニックのように、すぐに効果の表われるものではありませんが、日々積み重ねることによって、家族や友人、会社の同僚、先輩、上司までもが一目おく存在へと近づきます。

3 批判を受けとめる覚悟を持つ

▼カリスマ型人見知りになるための習慣1

その人が社交的だろうと人見知りだろうと、カリスマと呼ばれる人にはある共通点があります。そのひとつが批判を覚悟している点です。

たとえば、あなたがカリスマだと感じる人を思い浮かべてみてください。身近な人でも有名人でも構いません。その人は、周りから何かいわれると、冷静さを失ってオドオドしてしまうような人でしょうか。それとも、動揺せずに落ち着いてそのことを受け止められる人でしょうか。

答えは明白でしょう。

日本中が熱狂した第二回ワールド・ベースボール・クラシック（ＷＢＣ）の様子を覚えているでしょうか。侍ジャパンのキープレーヤーだったイチロー選手は、打撃不振からずっと抜け出せずにいました。通算成績9打数無安打という時もあり、さすがのイチローでも「原監督は擁護しすぎじゃないか」「イチローを外したほうがいいんじゃないか」という声を周りから浴びることになります。

それでも、イチロー選手は決して不安を口にしません。かといって、その批判を素直に受け止めていなかったわけでもない。

人はそういった姿にカリスマ性を感じるのです。

もちろん、これは野球に限った話ではなく、仕事でもプライベートでもあなたが何かを表現すれば必ず経験するものです。

人それぞれの考え方や価値観がある以上、批判を避けては通れません。「いや、私のいうことはいつも聞いてもらえている」という人でも、それは表面化していないだけであって、大なり小なり内側に抱えているのです。

大切なのは、その時、その声を受け止める覚悟があるかないかです。

覚悟のない人は、その声に耳を傾けることができないからこそ、逆に大きく反応してしまい、自分らしさを見失うことになります。反対に、初めから批判はあるものだと覚悟できている人は、それをきちんと受け止められるからこそ、自分の在り方にブレが生じないのです。

◉私が厳しい批判を受けた理由

私もラジオで放送していると、さまざまな意見をいただきます。中でも忘れられないのが、デビューしたての頃に届いた1枚のＦＡＸです。

そこには「お前の笑い声が気に入らない」と書いてありました。サラリーマンから転身したばかりの私にとって、そのひと言ほどグサリと心に突き刺さったものはありません。翌週から少し笑い方を変えてみたのですが、批判はさらにエスカレートしていったのです。

テレビを見ているときは「あの人、頭悪そうだな」と平気でタレントの批評をしているくせに、いざ自分が批判される立場になると、こんなにも動揺してしまう。一体どうすればいいんだと本気で悩みました。

しかし、先輩アナウンサーから次のアドバイスをもらったことがきっかけで、本来の自分を取り戻すことができたのです。

「批判がくるのは当たり前。逆に批判がひとつもなければ、けんちゃんの声が届いていないことになる。それこそ問題だ。批判の数だけ応援している人もいるんだよ」

今振り返ってみても、悩んでしまった原因はただひとつ。不特定多数からの批判を当時の私は覚悟できていなかったからです。覚悟できていなかったゆえに、周りの声にどんどん合わせてしまった。その積み重ねが、あろうことか自分の弱さをさらけ出すことになっていたのです。

そういった態度をリスナーは敏感に感じ取ります。一見、人の意見を大事にする人のように見えて、実は批判に真正面から向き合うことのできない懐の浅い人という印象が残るのです。そんな人についていこうとする人がいるはずもありません。

あなたはこれまで何度も、「こんなことといったら、つまらないと思われないかな」「ここで話しかけたら、嫌な顔されないかな」と、つい言葉を選びすぎていたことでしょう。

その気持ちの裏に隠れた覚悟のなさはすべて相手に通じています。

だからこそ、カリスマ型に変わるためには「つまらないと思われる」「嫌な顔をされる」覚悟が必要なのです。

4 自分の軸を持つ

▼カリスマ型人見知りになるための習慣2

カリスマと呼ばれる人にはまだまだ共通点があります。

- どこか人と違うオーラがある
- 自分の生き方を大切にしている
- これをテーマにしたら何時間でも話せるという専門分野がある
- そこに至るまでに、「誰でもできること」を「誰でもできないほど」やっている
- どんな状況下でも「What can I do ?」、「今、自分ができること」だけを考えている

この5つのうち、ひとつでも欠けたカリスマに私は出逢ったことがありません。そのすべての背景から、決してぶれない自分の軸というものが見えてきます。

もちろん、先ほどの覚悟もそうです。覚悟を持った瞬間、それは「他者」ではなく「自分の内側」に拠り所を持つことになるからです。

つまり、あなたがカリスマ型人見知りになるためには他の誰でもない、あなた自身の軸を持つ必要があるのです。

現役時代はプレーだけでなく「チャンスでしか打てないバッターと思われたい」など、そのユニークな発言までも注目の的だった元プロ野球選手の新庄剛さんには、こんなエピソードがあります。

カリスマの中のカリスマと呼ぶにふさわしい新庄選手ですが、実は、そんな新庄選手でさえ、引退時にはたくさんのヤジをスタンドから浴びていたのです。中には「そこまでいうか」と思うほどキツイものもありました。しかし、新庄選手はまったく気にしていません。それどころか、「ほっとけ　俺の人生だ」と背中に書かれたシャツを着て、あの真っ白な歯を見せながら笑っていたのです。

他人の言葉や態度に振り回されず、自分の軸をしっかりと根づかせた新庄選手ならではの振る舞いですが、仮にあなたが同じことをしたらどうでしょう。

いきなりあなたが「ほっとけ　俺の人生だ」と訴えても、おそらく、説得力を伴わないはずです。なぜなら、自分の軸が根づいていないうちの主張は、単なるわがままに聞こえてしまうからです。

◉あなたが「軸」を持つための毎日の習慣

新庄選手のように自分らしく生きていくためには、自分なりの考えや論理を構築していく習慣が欠かせません。そこで、普段から次のような意識を持つことをおすすめします。

毎日、テレビや新聞などからさまざまなニュースが飛び込んできますが、たとえ、そこに権威ある専門家の解説があったとしても、すべて鵜呑みにするのではなく、**自分でひとつの答えを導き出す**のです。

たとえば、「今の日本の雇用不安を生み出すきっかけとなったのは労働者派遣法改正であり、その制度の下で次々と派遣切りを行なう経営者は社会的責任を果たしていない」という論調があったとします。

ここで、「なるほど、そうだよな」とすぐに同調するのではなく、なぜ、そう思うのかをしっかりと考えるのです。

「そもそも、派遣法改正が本当に雇用不安を生み出すきっかけとなったのか？」
「インタビューに答えている派遣社員の声は本音なのか？」

「そういえば、派遣村で実際にボランティア活動した友人は、『こうなったのはすべて自分の責任ですという人が意外と多かった』といっていたなぁ」
「それが事実だとしたら、報道されているような会社や政府の責任にしている人は思ったより少数で、多くは自分自身で反省しているんじゃないか？」

このように洞察力をフル稼働させて、自分なりの答えを見つけていくのです。わからないことがあれば、わからないままにせずにきちんと調べます。

その姿勢の積み重ねが、自分の軸を根づかせることにつながります。

これまでは、単純にテレビや新聞の解説をそのまま受け止めていたかもしれません。しかし、それではいつまでたってもカリスマには近づけません。

「イチロー君は記録、ボクは記憶」、この名言のようにあなたも自分らしく、今までの人見知りのイメージからさよならして生きていくためには、「日々積み上げてきたものを信じて疑わない」あなただけの軸がどうしても必要なのです。

5

そしてとことん演じきる！

▼カリスマ型人見知りになるための習慣3

誰もが話を聞きたくなる人見知り。

自然とたくさんの人に応援される人見知り。

友達はもちろん、会社の同僚、先輩、上司までもが尊敬の眼差しで見る人見知り。

それがカリスマ型人見知りです。そして、そんな人見知りに少しでも近づきたい、そうなりたいと願っているのはあなただけではありません。私も一緒です。

なぜなら、私こそ未だカリスマ型人見知りには程遠い存在だからです。

自分の魅力をたとえ1ミリずつでもコツコツ磨いていけば、いつかはたどりつきます。新庄選手にしろ、イチロー選手にしろ、カリスマと呼ばれる人はみんなそうです。しかし、その道のりは決して短くありません。サラリーマンからラジオパーソナリティーに転身した私は、道のりの長さを1日たりとも感じなかったことはありません。ですから、先ほどの2つの習慣は、私自身が今もなお、現在進行形で実践しているものなのです。

まだまだカリスマにはなれていない私です。正直、あとどれだけ進めばたどりつけるのか検討もつきません。それでも、ここまで歩んできた道を振り返ってみると、確実に近づいていることだけは実感しています。

その理由は、先ほどの2つの習慣を身につけたとたん、さまざまなチャンスに出会えているからです。

「リポーターをやってみないか?」

「一緒に事業を起こそう!」

「麻生さんの講演が聴きたい」

今こうして、本を通じてあなたと出逢えているのも、そのひとつです。

運は必ず人と共にやってきます。だから、人を惹きつける習慣を持つと、チャンスがどんどん舞い込んでくるのです。

ところが、中にはそのチャンスを活かせずに終ってしまう人もいます。

たとえば、あなたが友人から結婚式の司会をお願いされたら、何て返事をするでしょう？

母校から日本武道館で行なう創立100周年の司会を頼まれたら？

ラジオの公開録音の台本を書いてほしいと依頼がきたら？

おそらく、あなたは「自信」や「経験」を根拠に答えようとするのではないでしょうか？

自信があればイエスで、なければノー。あるいは経験があればイエスで、なければノーの一点張り。もちろん、それは決して間違った判断ではありません。以前の私もそうでした。恥をかきたくない、自分を守りたいという、ごく自然な人間の本能だからです。

しかし、いつもいつもそう繰り返していては、多くのチャンスを逃してしまいます。

先ほどの「司会」や「台本執筆」の例はいずれも私が経験してきたことです。自信はおろか、経験なんて一度たりともありませんでした。それでも、それが当たり前のようにできる人を徹頭徹尾、演じきったことで、今の自分がいるのです。

この〝演じる〟という行為こそ、カリスマを目指す上では絶対に必要です。あなたは、今ここが夢かどうかを確かめようとする時、ほっぺたをつねったり、頭をたたいたりするでしょう。その瞬間「イタい！」と感じることで現実に生きていると実感するはずです。つまり、感覚こそが現実をつくっているのです。

この感覚を、まだ一度も経験してないことでもリアルに感じ取れる方法が〝演じること〟なのです。

誰だって、初めてのものをやるとなれば不安になって当然です。不安になれば自信など湧いてくるはずもない。しかし、だからといってノーといってしまっては、いつまでたっても実績などつくれません。ニワトリが先か卵が先かの堂々巡りになってしまいます。

そう考えれば、チャンスをものにするにはどうしたらいいのか、答えははっきりしているでしょう。

どんな偉業をなしとげたカリスマもゼロをイチにした瞬間はきっとそうだったはず。最初は演じるのです。自信がなければ、自信があるかのように振る舞う。経験がなければ、もう何度も経験しているかのように、とことん演じる。

その演技を通じて覚えた感覚が、いつしか現実のものとなり、あなたをカリスマへと導いてくれるのです。

今までの人見知りのイメージからさよならするためにも、これからはとことん演じてください。そして、それを何回も積み重ねてください。

批判を受け止める覚悟と自分の軸を持ち、後はとことん演じきる。

これが習慣となった時、人見知りはすでにあなたの魅力になっているでしょう。

6 人見知りを克服するために本当に必要なこと

最後に、私が冒頭で述べた言葉を思い出してみてください。

覚えていますか？　サラリーマン時代に大勢の前だと話せない「あがり症」だったこと、「人見知り」という大きな悩みも抱えていたこと、ラジオパーソナリティーになった今でも、何ら変わらない人見知りのままだということ。それでも、この本のタイトル『さようなら！「人見知り」』にウソ偽りはないということを。

この矛盾に対する答えこそ、人見知りの悩みから「さよなら」する大きなカギだと述べましたが、もう、その意味はおわかりいただけましたよね。

あなたは、他の誰でもない、たった一人のかけがえのない存在なのです。人見知りする性格によいも悪いもありません。むしろ、そこにこそ、あなたの無限の魅力が眠っています。それなのに「なおしたい」「克服したい」「できれば社交的になりたい」と思ってしまうのは、自分らしく生きていくのがどんなに素晴らしいことか、どれほど周りから魅力的に映るかを、これまで知らなかったからです。

いえ、なんとなくはわかっていたかもしれません。でも、自分をどう生かせば自分らしく輝けるのか、その具体的な方法までは明確に見えていなかったのではないでしょうか。

たしかに今は初対面の人と話すのが苦手だと感じているでしょう。それが原因で困ってしまうことが多いからこそ、人見知りにさよならしたいと思ったはずです。でも、だからといって社交的になろうと努力するのは、せっかく盛られたライスを捨てて、ルーだけを入れようとするカレーと一緒です。ライスの上にカレーをかける、あるいはカレーの上にライスを盛る。同じように見えても、やっぱり食べればどこか違う。でも、共通しているのは、どちらも、カレーだけ、ライスだけよりは、明らかにおいしいことです。

あなたはすでに、初対面の人と話すコツを知りました。会話を弾ませるテクニックまで知っています。けれど、中身は人見知りのままですよね。コロッと変わるはずもありません。そのテクニックやコツを実際に試すことで変わるのは、あなたがこれまで人見知りに対して抱いていたネガティブなイメージだけなのです。

そのためにも、どうか、あなたが持っている魅力をそのまま磨き続けてください。あなたの人間力そのものを少しでもＵＰさせるのです。そこさえさぼらなければ、人見知りで悩んでいたことがウソのように感じる日も、そう遠くはありません。

これで、人見知りにさようなら！

「カリスマ型人見知り」を目指す！

- ◉「カリスマ型」になれば、人見知りの悩みは消える
- ◉カリスマになるための毎日の習慣を続ける

↑

場面別人見知り対処法でどんな状況も乗り切る！

- ◉新しい職場で働く時、営業の初回訪問のコツ
- ◉合コン・パーティー・飲み会に参加するときのコツ

↑

行動・話し方を変えて「社交人見知り」にバージョンアップ！

- ◉社交的な行動を真似れば、社交的な人に見える
- ◉表情・仕草・話し方をちょっと変えてみる

↑

「ハイブリット人見知り緩和法」で人見知りを目立たなくする！

- ◉「好奇心」に火をつけ、自意識レベルを下げる
- ◉体を動かして、「表現心」を取り戻す

↑

人見知りのメリット・デメリット、基本を押さえる！

- ◉人見知りは特別なことではない
- ◉人見知りしてしまう理由、自分のタイプを知る

おわりに

私が仕事をするラジオの世界では「パーソナリティー」という肩書きがあります。パーソナリティーには、音楽に限らず、政治、経済、社会、文化、芸能とあらゆるジャンルにおける、独自の視点や知識が求められます。つまり、しゃべり手の個性（パーソナリティー）そのものが番組の魅力となるから、「パーソナリティー」といわれるのです。

オールナイトニッポンの鶴光さんにはじまり、三宅裕司さん、吉田照美さん、川平慈英さん、立花裕人さんなど、私が憧れ、夢中になった誰もが、その個性を武器に大勢のリスナーを惹きつけていました。

そして今、実際に自分がその立場になって感じるのは、個性を武器にするということは、裏をかえせば人と同じでは勝負できないということ。

また、与えられた時間枠だけをパーソナリティーとして振る舞うのではなく、人生そのものをパーソナリティーとして過ごせたら、どんなに幸せだろうということです。

2時間の生放送だけなんてもったいない。24時間、いやこれから先ずっと、自分の個性で勝負することができれば……。

そう思ったとたん、携帯をいじって寝たフリをしてしまう自分も、パーティーでただ食べまくるだけの自分も、それはそれで面白いじゃないかと、今まで短所と感じていた部分でさえ宝物に見えてきたのです。

もちろん、現実の問題として、人見知りするばっかりに仕事でもプライベートでも損してしまうからこそ、あなたはこの本を手に取ってくれたのでしょう。そんな自分から一刻も早く抜け出したい。初対面でも気後れせずに自分から話せるようになりたい。

その切実な悩みに本書が少しでも答えられていたら、これほどうれしいことはありません。

ほんの少し先に進んでいる実践者として、カリスマ型を目指す同じ人見知りとして、あなたもかけがえのない存在になることを願っています。

最後に、執筆の機会をくださった同文舘出版の竹並さんをはじめ、いつも私を応援してくれる平賀正彦先生、大野路燿先生、ＦＭりべーるの柳澤社長、山川局長をはじめスタッフの皆さん、同じ志を持つパーソナルモチベーターの仲間達、そして私の〝生き方〟の師である石井裕之先生に熱く感謝致します。

もちろん、影で支えてくれている私の家族、両親にも。

本当にありがとう！

麻生けんたろう

二〇〇九年 八月　オホーツク5号に揺られながら

追伸　いつの日かあなたと直接お会いできる日を楽しみにしています。

【参考文献】

『「心のDNA」の育て方』石井裕之著　フォレスト出版

『壁』石井裕之著　フォレスト出版

『カリスマ人を動かす12の方法』石井裕之著　三笠書房

『「人見知り」な人ほど話し上手になれる』野村郁夫著　明日香出版社

『考えすぎて動けない人のための「すぐやる！」技術』久米信行著　日本実業出版社

『「人見知り」は案外うまくいく』吉岡英幸著　技術評論社

『本多流 内気な自分の活かし方』本多信一著　ぱる出版

『人生が１００倍楽しくなる名前セラピー』
ひすいこたろう＋山下弘司著　毎日コミュニケーションズ

『心にズドン！と響く「運命」の言葉』ひすいこたろう著　三笠書房

『嫌いな人がいなくなる！』アンディ中村著　同文舘出版

『「見えない時間」で稼ぎなさい！』野崎美夫著　フォレスト出版

『心理接客術』森下裕道著　ソシム

『さようなら！「あがり症」』麻生けんたろう著　同文舘出版

『しゃべる技術』麻生けんたろう著　ＷＡＶＥ出版

『吉田松陰一日一言』川口雅昭編　致知出版社

「タモリ先生の午後２００８」ほぼ日刊イトイ新聞

読者プレゼント

次はここでお会いしましょう！

本書を最後まで読んでくれたあなただけに、著者・麻生けんたろうが第６章として伝えたかった「ハリウッドでは当たり前！　苦手な相手とも話せる一流の演じ方」を無料プレゼント！

メールにてお届けします。

↓

今すぐアクセス！

http://1mc.biz/hitomishiri/

あなたのメールアドレスを登録するだけです。

“とことん演じる”習慣を身につけるためにもぜひ、本書とあわせて参考にしてください。

著者略歴

麻生けんたろう（あそうけんたろう）

ラジオ DJ ／パーソナルモチベーター。

1967 年東京生まれ。横浜育ち。東京電機大学工学部卒業後、オーディオメーカーに勤務するかたわら、アナウンサー養成学校に通う。

札幌転勤を機に独立を決意。北海道のテレビ、ラジオを中心にしゃべりの仕事を始める。

近年はその経験を生かし、株式公開を狙う企業の社長さんから小学生のお子さんがいる主婦まで、多くの方に話し方やコミュニケーション力アップのための個別指導をしている。

著書に『さようなら！「あがり症」』『結婚式のスピーチで困らない本』（同文舘出版）、『しゃべる技術』（ＷＡＶＥ出版）がある。

【発行メールマガジン】
プロが教える！　あと１センチ、相手の心に近づく会話術
http://www.mag2.com/m/0000166456.html（PC 版）
http://m.mag2.jp/M0076213（携帯版）

【ホームページ・ブログ】
麻生けんたろうのコミュニケーション研究会（無料相談有）：http://1mc.biz
麻生けんたろうのブログ：http://1mc.livedoor.biz/
パーソナルモチベーター公式サイト：http://www.pm-ac.jp/

【連絡先（講演・研修依頼等）】
〒 078-8235　北海道旭川市豊岡５条４丁目 3-3　株式会社アルマテックネット
電話：0166-34-8900 / E-mail：info@1mc.biz

【主な出演番組歴】
FM りべーる毎週土 10:00 ～ 12:00「Future Dream」
HBC テレビ「朝ビタ TV」ヤフオク達人のコーナー
HBC ラジオ「福六屋お買い得情報」

初対面の気後れ・あがりがなくなる 53 の考え方・話し方
さようなら！「人見知り」

平成 21 年 9 月 30 日　初版発行

著　者　麻生けんたろう
発行者　中島治久

発行所　同文舘出版株式会社
東京都千代田区神田神保町 1-41　〒 101-0051
電話　営業 03（3294）1801　編集 03（3294）1803
振替　00100-8-42935　http://www.dobunkan.co.jp

ISBN978-4-495-58591-4
印刷／製本：三美印刷 Printed in Japan 2009

著者略歴

麻生けんたろう（あそうけんたろう）

ラジオ DJ ／パーソナルモチベーター。

1967 年東京生まれ。横浜育ち。東京電機大学工学部卒業後、オーディオメーカーに勤務するかたわら、アナウンサー養成学校に通う。

札幌転勤を機に独立を決意。北海道のテレビ、ラジオを中心にしゃべりの仕事を始める。

近年はその経験を生かし、株式公開を狙う企業の社長さんから小学生のお子さんがいる主婦まで、多くの方に話し方やコミュニケーション力アップのための個別指導をしている。

著書に『さようなら！「あがり症」』『結婚式のスピーチで困らない本』（同文舘出版）、『しゃべる技術』（WAVE出版）がある。

【発行メールマガジン】
プロが教える！　あと１センチ、相手の心に近づく会話術
http://www.mag2.com/m/0000166456.html（PC 版）
http://m.mag2.jp/M0076213（携帯版）

【ホームページ・ブログ】
麻生けんたろうのコミュニケーション研究会（無料相談有）：http://1mc.biz
麻生けんたろうのブログ：http://1mc.livedoor.biz/
パーソナルモチベーター公式サイト：http://www.pm-ac.jp/

【連絡先（講演・研修依頼等）】
〒 078-8235　北海道旭川市豊岡５条４丁目 3-3　株式会社アルマテックネット
電話：0166-34-8900 / E-mail：info@1mc.biz

【主な出演番組歴】
FM りべーる毎週土 10:00 ～ 12:00「Future Dream」
HBC テレビ「朝ビタ TV」ヤフオク達人のコーナー
HBC ラジオ「福六屋お買い得情報」

初対面の気後れ・あがりがなくなる53の考え方・話し方
さようなら！「人見知り」

平成 21 年 9 月 30 日　初版発行

著　者　麻生けんたろう
発行者　中 島 治 久

発行所　同文舘出版株式会社
東京都千代田区神田神保町 1-41　〒 101-0051
電話　営業 03（3294）1801　編集 03（3294）1803
振替　00100-8-42935　http://www.dobunkan.co.jp

ISBN978-4-495-58591-4
印刷／製本：三美印刷 Printed in Japan 2009